1933年を聴く

戦前日本の音風景

齋藤 桂
Kei SAITO

NTT出版

はじめに

音は雨のように、否応なく人々の上に降ってきて、潤し、淀み、隙間に入り込み、流れていく。

本書は一九三三年という一年に注目して、そこで降り注いだ音楽や音、そしてそれらに関わった人々を扱うことで、いわば当時の社会を取り巻く大気＝雰囲気を明らかにしようという試みである。

言うまでもなく「年」という単位を採用することに、論理的な理由があるわけではない。時間というものはずっと地続きであり、その意味では一九三二年でも、一九三四年でも良いといえばそうなのかもしれない。

だが、今から振り返ってみれば、この一年はそれ以前と以後を見通すことのできる、眺めの良い高台のような年に見える。前後の風景を分かつ場所のように見える。

たとえば、明治以降、日本の近代化は西欧化・グローバル化の方向へと向かうこととほぼイコールであった。だが、一九二〇年代末の世界的な大恐慌は、そのグローバル化のネガティヴな側面を見せつけた。アメリカで起こった不況が日本の隅々にまで影響を与えたという事実は、人々にブロック経済の必要に思い至らせるのには十分であった。日本にとってそれは満州を死守するということとなり、一九三一年の満州事変へと繋がっていく。一九三二年に日本は満州国を承認するも、国際社会の諒解が得られず、知っての通り一九三三年に国際連盟を脱退する。

このあたりから日本は、それまでの西欧化・グローバル化とは異なったかたちの近代化へと進もうとする。国際化から国粋化・日本化としての近代を探り始めるのである。

もちろん、日本の日本化という説明は同語反復であり、矛盾がある。だがこの矛盾こそが当時の日本が向かった先であった。「西洋」という、たとえ実際には相当に幻想を含んだ概念であったとしても、とりあえずははっきりとした目標があった頃に比べれば、自分自身を目標として進んでいこうというのは、結局のところ「自分探し」である。そして「自分探し」はしばしば具体性を欠く精神論へと融解する。

この時に切った舵の行き先の一つは、一九四二年の有名な論集・座談会『近代の超克』に見られるような、論理的な理解を拒む抽象的な価値観の、しかし切実な羅列であろう。

本書で見ていくように、音楽もこの道筋の上に置かれる。精神論、美談、曖昧なイメージ等の比重が増えていく。音楽はもともと抽象度の高い芸術であるため、これらと結びつくのは容易である。一九三三年の音楽や音は、この転換点の症状をよく示している。

都市文化の爛熟という点も見逃せない。時代はいわゆる「エロ・グロ・ナンセンス」の盛りであった。カフェーの流行、雑誌、映画、レコード等のメディアの流通、《東京音頭》に踊り狂う人々、そしてそれらを物質的な消費だとする批判。

また、第4～5章で扱うような数々の政治運動も都市文化の一つであろう。当時は政治や文化がいっそう都市に集中した時代でもあった。このような、都市とそれ以外の差異もまたこの年の音楽と音を考える上での鍵である。

本書で扱った題材の中には、偶然一九三三年に起こった出来事も多くある。第1章の事件がそうであるし、第6章の皇太子誕生も、場合によってはこの年でなくても起こりえたことである。

だが、偶然を扱うことができるのも、一年という単位に着目する利点である。

いずれにしても、偶然にせよ、それなりの必然性があったにせよ、当時の人々はそれらが起こった一年を確かに生きたのである。

人々はその一年で、何を聴き、何を考えただろうか。一九三三年という、多くの出来事が起こった一年を通して、それ以前／以後に繋がる何を見ただろうか。

流れ去った音の痕跡を辿りながら、これらの問いを考えたい。

1933年を聴く……………目次

【年表】1933年の出来事

国内（および日本が関係した出来事）

1月1日　日本軍が山海関で中華民国軍と衝突
1月19日　野村景久が一家殺人事件を起こす▼▼▼第1章
2月2日　映画『恋の花咲く　伊豆の踊子』公開▼▼▼第3章
2月9日　日比谷公会堂にて原智恵子がフランスから帰国後初のピアノ演奏会
2月12日　三原山で女学生が自殺。三原山での自殺ブーム始まる▼▼▼第3章
2月20日　小林多喜二が逮捕・殺害される
2月23日　日本軍、熱河省に侵攻
2月24日　国際連盟総会から松岡洋右が退場
3月3日　三陸大地震・大津波▼▼▼第2章

海外

1月30日　ヒトラーが首相に就任
2月17日　映画『男子戦はざる可らず』アメリカ公開▼▼▼第6章
2月27日　ドイツ国会議事堂放火事件
3月2日　映画『キング・コング』アメリカ公開
3月4日　ルーズベルト大統領就任。ニューディ

3月15日 映画『島の娘』公開 ▼▼▼第3章

3月20日 髙島屋日本橋店新築オープン ▼▼▼第6章

3月27日 国際連盟脱退詔書発布 ▼▼▼第5章

4月22日 滝川事件

4月29日 国際連盟脱退詔書奉戴式 ▼▼▼第5章

5月7日 日本軍が華北に侵入

5月23日 娼妓取締規則改正。娼妓の外出が自由に

5月31日 満州事変の終結

6月14日 松竹に楽士・生徒らが嘆願書提出。桃色争議開始 ▼▼▼第4章

6月17日 ゴーストップ事件

ール政策を進める

3月10日 カリフォルニア州ロングビーチ地震

4月19日 アメリカで金本位制停止

5月27日 ディズニー映画『シリー・シンフォニー』の一つとして『3匹の子豚』公開

5月27日 シカゴ万国博覧会開催（〜11月12日）

7月1日《東京音頭》発売▼▼▼第2章

7月11日 神兵隊事件

8月1日 1899年制定の図書館令が改正され施行。より国策を反映しやすい図書館が目指される

8月9日〜10日 関東防空大演習▼▼▼第6章

10月9日 内蒙古自治政府発足

11月19日 ゴーストップ事件終結（和解）

12月23日 皇太子誕生▼▼▼第6章

12月30日 皇太子命名式▼▼▼第6章

7月4日 ガンディーが投獄される

9月5日 キューバでフルヘンシオ・バティスタによるクーデター

10月17日 アインシュタインがアメリカに到着・亡命

10月28日 ナチス政権から逃れるユダヤ人入植者の増加を背景にパレスチナで暴動。1936年〜1939年のパレスチナ独立運動の前哨となる

11月17日 アメリカがソ連承認

日付不明 ウクライナでホロドモール（ソヴィエト政府が行った人為的な飢餓による虐殺）起こる

第1章

尺八奏者・野村景久による殺人

音楽の合理化と精神論

一九三三年一月一九日夜、名古屋市の鳴海荘と呼ばれる住宅地。気象庁の記録によると、この日の最低気温は零下一・一度。当時の一月の名古屋は連日最低気温が零度を下回る寒さである。

袴をはいた男が、とある家の前に立っている。一見細身だが、過去に鍛えた経験が明らかな風体である。

この鳴海荘は名古屋鉄道によって開発された、文化住宅（洋風の間取りやデザインを一部取り入れた住宅）が並ぶ地区で、ブルジョアの住むところだとされていた。男が今から訪ねる相手は遠い親戚で、保険の外交員をしている、いわばブルジョアの一人である。男は彼にいくらか金の工面をして貰おうとしてやってきたのである。

男の名前は野村景久《かげひさ》、本名は久という。彼は尺八奏者だったが、四年前の大恐慌以来続く不況で弟子が減り、金に困っていた。

そして彼は、これから数時間後にその家に住む一家四人を殺すことになる――

― 尺八の近代化

尺八は、もともとは「楽器」ではなく、普化宗《ふけしゅう》の虚無僧のみが用いることを許された「法器」であった。またその特殊性ゆえに、一般的な娯楽としての音楽を担う楽器として認識されることは少なかった。宗教から離れた音楽としては、箏と三味線に合わせて奏する例もないわけではなかったが、あくまで例外的な活動だったと考えられる。そして虚無僧の一般的なイメージといえば、時代劇で馴染みの、素性の知れない怪しげで物騒な人々といったものである。

虚無僧の権利は一六一四年に出されたということになっている「普化宗御掟目」なる掟書きによって定められた。武士のみが普化宗に出家できるがいつでも俗世に戻ることができ、「天蓋」と呼ばれる頭部全体を覆う笠の着用と帯刀を許され、そして関所も自由に通行可能である、ということが徳川家康によって定められたということになっている書類である。原本は焼失したとされており、怪しさに輪をかけている。この掟書きについて現代の尺八製作者葛山幻海は、「現代で例えれば、包丁を持った男がヘルメットをかぶったままコンビニに入っても問題ない、といった許可」（『まるごと尺八の本』青弓社、二〇一四）と、的確に表現している【図1】。

天蓋の下で見えない顔、吹くためだけではなく時に武器として用いる尺八、そして放浪。このような虚無僧の姿は正体を隠した謎の人物を描くのに重宝された。井原西鶴『武道伝来記』（一六八七）には子に敵討ちをさせることを心に決めた母親が虚無僧に化けて同行するために尺八を習う話が収められているし、『仮名手本忠臣蔵』（一七四八）の加古川本蔵が虚無僧の姿となるのも有名である。近世の敵討ちものには欠かすことのできないものである。

【図１】西川祐信『絵本三津輪草』（1758：国立国会図書館デジタルコレクション）に描かれた虚無僧姿。「人生れながらにして富貴なるものにあらず。古しへより富貴なる人はいずれも貧賤の時よりいくばくの苦労をへて後富貴となれり。しからば貧賤の辛苦は富貴になるべきの梯楷ならずや」と書かれ、左手の裕福な婦人に対するかたちで、右手におそらく訳あって一時的に虚無僧姿に身をやつしたであろう女性が描かれている。

いわゆる「股旅もの」の祖たる長谷川伸が史実に基づいて書いた『日本敵討ち異相』（一九六三）にも、虚無僧のなりをして敵を探す話が複数収録されている。あるいは、虚無僧とは違う文脈だが、曲亭馬琴『南総里見八犬伝』（一八一四－一八四二）では、淫楽に耽る悪臣山下定包《さだかね》が尺八を嗜《たしな》んでいるところが描かれる。尺八のネガティヴなイメージの反映であろう。

近代でも同様である。ここでは一例として、岡本綺堂の戯曲『虚無僧』（一九二五）を挙げておきたい。

歌舞伎座で市川左団次が主役をつとめたこの作品は、侍が虚無僧の寺にかくまわれ、最終的にその虚無僧に頭を割られて殺されるという、今から見れば少々つかみ所のない筋ではある。ここでの虚無僧は、侍の刀に尺八で立ち向かい、大酒を飲み、「尺八が上手だからと云つて、看主《かんず》にも院代《いんだい》にもなれるものではないのだ。（尺八を把《と》る。）こんなものは商売の看板に持つてゐればいゝのだ。しかし人をなぐるには都合がよく出来てゐるな」と語り、最後に侍を殺めて「はゝ、飛んだ殺生をした。せめて手向けに一曲吹いてやらうか」と笑う剣呑な無頼として描かれている。

ちなみに綺堂は『半七捕物帳』シリーズの「十五夜御用心」で「私はかつて「虚無僧」という二幕の戯曲をかいて、歌舞伎座で上演されたことがある。その虚無僧の宗規や生活については、わたし自身も多少は調べたが、大体はそのむかし半七老人から話して聞かされたことが土台になっているのであった」と書き、虚実を混ぜて創作をしている。作中の虚無僧の極端に荒々しいイメージも、そのような創作上のものではあろうが、先に挙げた実録ものの例にもあるように、それほど現実と大きく隔たってはいないだろう。そして、史実と創作との両輪でつくられたイメージというのは強固なものである。

日本の伝統音楽は明治以降、それぞれのジャンル、それぞれの楽器で近代化を目指すことになるが、尺八にとってはこの虚無僧のイメージ――怪しい無頼の男が持つ、単なる楽器とは違う道具――こそが、まずは払拭されるべきものだったのである。

「近代化」とは曖昧な言葉である。しかもそれが日本の音楽に関するものであれば、さらに曖昧さは増し、複雑になる。というのは、明治以降に西洋音楽が本格的に導入され始めると、日本の音楽はその要素を取り込むことで「近代化」しようとすると当時に、自らを古来の「伝統」として位置づけることで、新しい社会に適応しようとしたからである。いわば革新と保守を同時に目指した、という構図であるが、しかしその保守すべきものが既に述べた虚無僧のイメージのようにネガティヴなものであったらどうすればよいのだろうか。この時点で既に日本の音楽は自己矛盾をはらんだ展開が運命づけられていたと言えるだろう。

この矛盾は日本に限らず、近代化=西洋化を目指した国や地域では必然的に直面するものではあるが、常に意識されているようなものでもない。音楽家や聴衆にとっては、ある音楽が近代的か伝統的かなどといった議論は、別段面白いものでもない。世の中のほとんどの人々にとって音楽は娯楽である。少なくとも思索するものではない。

だが、何か大きな事件が起こると、それをきっかけにして普段は意識していない問題が表面に表れることがある。あたかも大きな地震によって、隠されていた断層が露わになるかのように。そして野村景久による事件は、まさに尺八界を揺るがし、日本音楽にまつわる断層を露出させたのである。

2　気鋭の音楽家としての景久

尺八奏者、野村景久は一八八八年に福井県に生まれた。後で挙げる藤田生の記事に「野村君の父は北海道の監獄の看守から看守長へと三十年近く務めあげた人」とあるが、北海道文書館には、少なくとも野村姓のそのような人物の記録はない。上京し、日比谷中学に入学。後の本人の弁ではこの頃に尺八に触れる機会があったようである。卒業後江田島の海軍兵学校に進学する。

一九〇三年の海軍省の記録（『私立尋常中学校認定の件（5）』一九〇三年四月二四日、アジア歴史資料センター）によると、一八九九年の日比谷中学開校以来、進路の分かっている一七四人のうち実に半数以上の九七人が海軍兵学校か海軍機関学校に進学しており、さらに同年（一九〇三年）に海軍大臣から日比谷中学を含む私立中学七校について「成績善良品行端正ナル者ハ海軍兵学校生徒、海軍機関学校生徒入学試験の際特別学科試験ヲ受クヘキ資格アル者ト認定ス」（同）という通達まで出ている。景久がそこに選ばれたかどうかは不明だが、海軍将校養成機関である兵学校に入ったということは少なくとも同中学では平均以上の成績ではあったのだろう。しかし景久はその海軍兵学校をじきに中退している。

その後、おそらく兵学校時代の経験を活かしたのだろう、嘉納治五郎が創立した講道館で柔道を学び東京師範学校講師となる。しかしそれも怪我がもとで辞職している。もっとも、辞職したとはいえ段位はそのままとなっており、本章冒頭の事件のあった一九三三年の講道館文化会『柔道年鑑 昭和八年版』には「三段」として本名野村久の名前が記載されている。この柔道の腕前が事件では凶器となる。

講道館を辞した後、近代尺八の祖の一人である川瀬順輔のもとで本格的に琴古流尺八の道に入る。一九一〇年代に大阪で野村月心という名で活動を行う。一九一五年琴古流川瀬派『尺八同好者人名録』には、やはり本名の野村久で掲載されている。それによると大阪市東区上本町八丁目に住んでいたらしい。当時の上本町は、同時代の名所案内『大阪より奈良まで沿道名所案内』（大阪電気軌道株式会社、一九一四）に言わせると「北に空前の英傑豊太閤に依りて、歴史に光彩を放てる大阪城あり、南に千古の偉人聖徳太子の創建に係る四天王寺あり、緑樹泉石の布置大阪第一の天王寺公園あり、世界的娯楽園新世界ルナパーク之と相連なる、西には浪花歓楽の中枢たる道頓堀、千日前のあるあり」と、まさに近代大阪を象徴する場所の一つである。

一九一七年頃大阪を去り、福井、名古屋、福岡を経て東京へ戻る。福岡では箏曲の楽譜普及を目指した大日本家庭音楽会の楽譜係をやっていたらしい。一九二七年の『現代音楽大観』掲載住所は東京市外大崎町谷山、現在の五反田の辺りである。当時は東京市外だったが、一九三二年に東京市に編入された。五反田は、一九一〇年代には山の手線がのびてきて、花柳界もあり、永井荷風のエッセイ「裸体談義」によると、関東大震災前に新橋などでやっていた女性ダンサーの裸踊りのようなものも、昭和のはじめにはそこで行われるようになったということなので、それなりに賑やかなところであったのだろう。尺八の教授などを考えれば人の多いところに住むのは当然ではあるが、大阪でといい、東京でといい、華やかな場所を好んだようだ。

東京に戻った景久は、一九二〇年頃から盛んになりつつあった「新日本音楽運動」、すなわち西洋音楽を積極的に近世邦楽に取り入れる運動に関わる。西洋的な音階や和声の導入、五線譜の使用、西洋楽器との共演、同時代の題材の取扱などを積極的に行ったこの運動の中心には箏曲家の宮城道雄や中島《なかしま》雅楽之都《うたしと》、音楽学者の田辺尚雄、町田嘉章ら、近代の日本音楽の重鎮となる人々が多く集っており、尺八では吉田晴風（そもそも「新日本音楽」という呼称を与えたのは彼である）や福田蘭童らが関わっていた。一九二六年の新聞で景久は「福田蘭堂《ママ》君の後継現わる／新たに見出された天才作曲家の野村景久君」（『読売新聞』一九二六年二月二三日朝刊）と呼ばれている。

一九二四年には、吉田晴風が渡米していたため、代わりに宮城道雄らと共に台湾と九州に演奏旅行をしている。この時の経験を基に書いた同年の随筆「台湾蕃人と音楽」（『家庭音楽』九九号、大正一三年三月号）は台湾先住民族の音楽についての記述としては田辺尚雄に続いて最初期のものの一つであろう。
景久はこの旅行の途中、福岡で同じ家庭音楽会で働いていた富永よしえと結婚をする。後に田辺尚雄はこのことを回想して、

この宮城氏の台湾行については、尺八家の吉田晴風が同行されるのが当然だったのであるが、吉田氏は本居長世と共にアメリカに行ったので、同じく新人尺八家として盛名のあった野村景久が同行されることになり、その途次九州の福岡に於いて、「筑紫の才媛」として知られた佳人と恋に陥ち、台湾よりの帰途、遂に目出度く結婚にゴールインしたというロマンスまで生まれた。〔略〕その時才媛女史は三十歳余、野村氏は四十余歳。昔から『三十女の恋は猛烈だ』と称されているのはもっともだと感服した。

（田辺尚雄『明治音楽物語』青蛙房、一九六五）

と述べている。一九六五年の出版で、その後の野村景久の事件を知っているにもかかわらず、それにはまったく触れずにこのように言うのだから、田辺はなかなか長生きしそうな性格の人である（実際一〇〇歳まで生きた）。
この演奏旅行への抜擢からも分かるように、尺八奏者として注目されつつあった景久は、ラ

尺八合奏
＝午後二時ごろ＝
イ、花曇
（野村景久作曲）
（尺八二部合奏曲）
尺八第一部　野村景久
尺八第二部　中里孝人
春宵の輕く夢心地なる前奏に初まり次第にその心境の高潮を示し詩吟の調を配す。中段に入りて入相の鐘に誘はれて音もなく散る落花の風情を表はし、後段は花の曇りの夜の靜寂なる氣分を現はしたもの。
◇尺八の　野村景久さん
ロ、陽炎
（町田嘉章作曲）
（尺八三重奏曲）
尺八第一部　野村景久
尺八第二部　中里孝人
尺八第三部　鈴木光久
同　佐藤恒久
春の野に燃ゆる陽炎の長閑き氣分を現はす、初段はそよ〳〵と吹く春風のモーチフに初まり丘の上に燃ゆる陽炎を三連符にて現はし鳥の鳴く聲、野のせゝらぎなどを現はしたる樂句、次ぎ〳〵に現はれ、後段に入りて初段のモーチフに返り陰旋より陽旋に轉調して曲を終る。

【図2】『読売新聞』1927年6月5日朝刊

ジオにも多く出演し自作の新曲を演奏している。ここではラジオ欄から《花曇》という作品の記事を載せておきたい【図2】。また、邦楽雑誌『三曲』にもしばしば自作の解説や随筆を載せ、活動の充実振りがうかがわれる。

この《花曇》は一九二九年一一月に、同年七月の《恋慕流し》に続いて古賀正男のギターとの合奏にアレンジされ録音・発売されている（いずれも日本コロムビア：《恋慕流し》二五五六五、《花曇》二五六七八）。このアレンジについて本人は、

この曲は初め尺八二部合奏曲として作つたものでありますが、演奏効果を一層高める為に箏伴奏を加へましたがレコードには伴奏をギターで試みました、先月十八日ＡＫから青海波と共に放送しました處遠くは台湾満州北海道等からも色々の質問や様々の讃辞や激励を受けました〔略〕これは未だ日比谷の中学に通ふて居る頃、初めて尺八を習ふ動機を与へて来れた永久に紀念す可き思ひ出深い花の夜の追想を描いたもの

（『三曲』第一〇〇号、一九三〇年七月号）

だと述べている。ちなみにこの年は、前年自殺未遂をした古賀が代表曲となる《影を慕いて》を発表した年であり、この景久との共演はまさにヒットメイカー誕生前夜の仕事である。

また西洋音楽だけでなく、日本音楽の内部でもジャンルをまたぐことに積極的で、一九三二年三月八日夜八時からのＡＫでのラジオ放送では、新内節の鶴賀吉之助と共演して、三味線と語りだけで演じられるのが通常の新内節に尺八を加えたものを披露している。

華々しい活動である。うまく時代にのった感もある。音楽史的に意義深い業績もある。つまり、傍目には成功を約束された気鋭の音楽家だったはずである。

３　尺八のイメージ向上を図って

既に見たように、野村景久は新日本音楽運動に関わり、日本音楽の近代化を試みた。彼にとっての近代化の第一歩は、尺八を「楽器」として捉えることである。尺八を楽器として見る、というのは今の私たちからすれば当たり前のことのような気もする。しかしたとえば近代以降美術館や博物館に収まった仏像は崇拝すべき対象なのかそれとも鑑賞すべき対象なのか、という問題に重ね合わせれば、もともと「法器」だった尺八を楽器として見るのも、なかなかに議論の余地のあるところだったことが分かるだろう。それに、そもそもかなり合理化が進んでいるように見える現代の西洋音楽ですら、楽器に神秘性や抽象的な価値観を与えて、ただの道具以上の扱いをしているのである。様々なイメージがついた尺八を近代化＝楽器化するのはそれほど簡単なことではなかったろう。景久はまずここに疑問を投げかける。

景久は雑誌『三曲』上の随筆で、次のように述べている。

> 尺八が仏教の法器であつたから神聖なものだと云ふ観念を法器をはなれて独立した楽器となつて居るものに迄持つて廻る事が誤りである。
>
> （「竹林雑草」『三曲』第九七号、一九三〇）

すなわち、実質的にはもはや近代的な「楽器」である、と。これは自身を含めた近代の尺八家の活動を評価してのことだろう。しかしまだ多くは「神聖なものだと云ふ観念」を捨て切れていないのだと指摘する。この離脱すべき「神聖」という言葉の裏には、後でも述べるが、もう一つの観念が張り付いている。つまり、確かに尺八は「法器」であった。しかしそれは単に尺八が宗教的で崇高なものであったということだけを意味するのではない。尺八に「神聖」さをもたらしている仏教とは、既に示したような、虚無僧の怪しく危険なイメージをもった「仏教」なのである。

さらに別の随筆で彼は、楽譜・楽器としての改良の必要性を説く。

> 現時の邦楽界は恰も明治維新の状態で、未だしばらくは過渡期として、改良考案作譜教授作曲演奏宣伝と、何れも各々分業である可く、専門に研究を要する重大事を、熱心家程幾つもの多くの兼業をしなければならぬ時代である、〔略〕最後に望みたい事は各方面より新研究を発表開放して新案だの専売特許だのといふ眼前の争ひなどは捨てゝ、協力一致新楽器の完成を期したいものである。
>
> （「新楽器としての尺八」『三曲』第九六号、一九三〇）

景久の関わっていた新日本音楽運動は、単に作曲だけでなく、楽譜や楽器の改良にも積極的であった。

先駆としては、新日本音楽より前に、五線譜を用いたり新しい奏法を取り入れたりした京極流の鈴木鼓村のような箏曲家もいた。が、あくまで個人単位の活動に留まり、複数の音楽家や研究者を巻き込んだ運動にまではならなかったし、ラジオや楽譜出版などのメディアも未発達であったため、改良後の音楽の普及といった意識も希薄であった。
対して新日本音楽は「運動」であったがゆえに、関わった人々の間で、またラジオやレコードや楽譜といったメディアの受容者（聴衆だけでなくアマチュアの奏者も含む）との間で、何らかの共通した基準が必要となった。大きなものでは、近代化や改良の意図もその共通した基準であろうし、より具体的なものでは、各楽器の調律をそろえることもそうであろう。特に、景久の古賀正男との共演のように、西洋楽器との合奏を視野に入れた際には、共通の記譜法と、安定してバラつきのない音程をもった楽器であることが必要である。それゆえ楽譜と楽器の改良は、「楽器」としての尺八およびその他の日本音楽の楽器にとっては急務だったのである。
この景久の姿勢は、尺八のレパートリーにも向けられる。

現代を無視し只自己のみの趣味に立脚して一途に崇拝迷信する古曲は如何によいものであつても、それ全体が段々と現代に用をなさなくなつて、遂には時代に取り残され、時と共に新陳代謝が行はれる迄《まで》如何に追慕するとも、その人々は只それ等と運命を共に討死する丈けでせう。

（「楽界に処する態度」『三曲』第一〇〇号、一九三〇）

音楽に限らず、古いものがどれだけ価値があろうとも、時代に合わねば廃れるのみ、という考え方自体は今も昔もそれほど珍しいものではない。

ただ面白いのは、景久は《鶴の巣籠り》というタイトルの新曲を作曲していて、先に挙げた《恋慕流し》もそうなのだが、これらはいずれも尺八の定番曲と同じタイトルだということである。

景久は《鶴の巣籠り》について、

鶴の巣籠りと言へばすぐ尺八を連想される程有名な曲でそれ丈に各時代各地方で様々に研究されて、いつの間にか多くの同名異曲が出来上つて仕舞つたが、時代の変遷につれて時代性に添はぬものから、追々に亡くなつて行く事実は、如何に強調しても叶はぬ自然の勢ひで、惜しい事ではあるが又止むをえない事でもある。〔略〕そこで時代性を考慮した新作をと、思ひたつたのである。

（「鶴の巣籠り（曲になる迄）」『三曲』一二四号、一九三二）


と述べて、実際に毎朝動物園に通って鶴の子育てを観察して作曲したのだと言う。

また、《恋慕流し》については、上田流の流祖である上田芳憧が、徳川時代に虚無僧が町々を流して歩いた曲はいつとはなしに鈴慕流しといひ習はされるやうになつたのであります。だが元々虚無僧が夕闇の町から町へと吹き流した曲でありますから、もとよりさすらひの旅情を唆る程度のもので、今日では全く尺八界から忘れられて仕舞つて、唯だ僅かに恋慕流しといふ憧憬の名を残してゐるに過ぎなかつたのであります。
　野村氏は痛くそれを惜まれ、古典の香りに和洋両面の採長補短を基調として、曲の内容は全然虚無僧のそれとは関知せずに恋慕流しといふ題名に相応はしい情趣を辿つて茲に新作されたのが此の曲なのであります。

（『上田流楽報』一九三一年八月号、一六七号）

と紹介している。創作のために鶴の生態を観察するというある種のリアリズムへのこだわりも面白いが、「内容は全然虚無僧のそれとは関知せずに」という紹介に、やはり近世以前の尺八のイメージをどう考えるかという姿勢が現れている。そしてまったくの新作を書くだけではなく、このように敢えて馴染みのタイトルで新曲を書くというのも、景久が単に刷新をうたうのではなく「新陳代謝」という表現を用いる理由なのだろう。
　また、一九三一年出版『世界音楽全集　第十八巻』（春秋社）には景久による《夕凪》が収録されている。ここには、景久本人の言ではないが「伝来の形式を離れて其の感じを新たに芸術化せられたものである」と書かれ、「伝来」と「芸術」がある種対置されて説明されている。

変わったところでは、景久は尺八を置いて歌を歌ってもいる。一九三〇年二月二〇日の『読売新聞』ラジオ欄には、彼が北原白秋作詞・町田嘉章作曲《とぼんく》という作品を歌ったことが記されている。その横に無署名で「新日本音楽なんてのは、尺八吹奏家が唄ひたいお道楽を、たんのうさせるためではあるまいな」と皮肉めいた記事が載っているのも面白い。

このように、尺八という楽器に対する意識の改革、楽器や楽譜の改良、そしてレパートリーの更新を唱え、演奏家・作曲家としてそれを実行し、また志を同じくする人々と集って尺八の近代化を目指した景久であったが、彼がその後、最も注目されたのは、しかし音楽によってではなかった。

4　一家惨殺事件と「エロ・グロ」ブーム

半月開かずの家に一家四人の惨死体
名古屋市外の怪事件

【名古屋電話】名古屋市外鳴海町鳴海荘第一生命保険相互会社名古屋支部外交員安藤敏夫（二八）同人内縁の妻樫木きみ（二三）きみの実母とくえ（四四）きみの妹しげ子（七才）の一家四人が、一月二十日以来戸を閉ざしたまゝ行方不明なので、熱田署と県刑事課で七日午後同家を調査するととくえ、きみの両名は二階の押入、しげ子は階下仏間より敏夫は押入の中からいづれも惨死体として発見したので犯人捜査に努めている。

（『朝日新聞』東京版一九三三年二月八日朝刊）

初報はこのようなものだった。この「名古屋市外のブルジョア文化地帯」（『毎日新聞』一九三三年二月二六日夕刊）で起こった残酷な事件は世間の耳目を集めた。その他の新聞報道（『毎日新聞』一九三三年二月九日夕刊。『読売新聞』同日夕刊）によると、当初は遅れて遺体の見つかった敏夫が犯人かと疑われたものの、すぐに被害者であることが判明。であれば保険金目当ての親族の犯行か、ということで、近い親戚が数人呼ばれて事情を訊かれたようである。『毎日新聞』大阪版は「被害者の家を――訪れた怪紳士」との見出しで「凶行当日と思はれる一月廿日、廿七、八歳の和服姿の堂々たる紳士が被害者方を訪問したとのことである」（『毎日新聞』大阪版一九三三年二月九日夕刊）と伝え、親類とは別の犯人の可能性を示唆している。

そして二月二四日、犯人が逮捕される。野村景久である。

去月〔一月〕十九日夜十一時、名古屋市外鳴海町なるみ荘樫木一家四人を皆殺しした犯人は全国的手配によつて二十四日朝東京市で捕へられ同夜名古屋へ護送、二十五日一切の犯行を自供した、名古屋地方裁判所検事局では去る九日記事掲載を禁止したので以来報道の自由を有しなかつたが犯人自白と共に二十五日午前十一時四十分記事差止を解除した〔『朝日新聞』東京版夕刊は二十五日に氏名を伏字にして逮捕を報道〕、右犯人は福井県南條郡武生町生れ当時東京市神田区小川町三ノ二尺八師匠野村景久事野村久(48)で被害者徳恵の姉の娘婿で近来の不況に収入が減、半年以上も家賃がたまる程窮乏した結果、樫木家の財産に眼をつけ、最初から一家皆殺しを計画して十九日朝来名し、終日市内を探し廻つて同夜なるみ荘に樫木家を探しあて、久しぶりの訪問客として招き入れられるや間もなくバタバタと四人を殺して夜明け迄に死体を片づけ、二十日同家の貯金一部を引出して後市内をうろつき、帰京の途中温泉巡りをして二十五日帰京しけふ迄何くはぬ顔してゐたものである。

(『名古屋新聞』一九三三年二月二六日)

事件が起こった名古屋の新聞は以上のように伝えた。

まだ不確かな情報も多い。特に計画性や動機については後の報道と食い違うところもある。景久や被害者の年齢も異なる（これは他の新聞も同様で、裁判の報道になってから訂正されている）。しかし事件の大まかな内容はここに書かれた通りである。

景久は、遠い親戚の家に押し入り、子供を含んだ一家四人を殺し、通帳を奪って逃走中、預貯金を引き出したのである。

様々な音楽家との共演やラジオ出演などで、単に愛好家たちだけではなく、一般に知られる機会のあった景久のこの事件は、もちろん事件そのものが大きいものだが、よりいっそうスキャンダラスに伝えられた。同じ日の『読売新聞』夕刊は先の『名古屋新聞』とは異なり、計画的な金銭目当ての犯行ではなく、口論から事件に発展したのだという見方で伝えている。

野村は去る一月十九日午後十時ごろ従弟に当る名古屋の樫木宅を訪れたところが敏夫は二階に、茂子は仏間に寝てをり徳恵は入浴を済ませたところで久しぶりだと茶の間に招じ入れた（公子はその時入浴中）十二時近くまで敏夫を混じへて対談した、公子と徳恵が二階に床を敷きに上つてゐる間に野村は音楽を解せぬ敏夫との間に『尺八がなんだ』『外交員がなんだ』と口論をはじめて野村はいきなり敏夫の首を絞めたうへ、傍にあつた手拭で首を絞め更に他の手拭を首に巻いた、徳恵が何も知らず床を敷き終つて梯子段を降り障子をあ

けて入つて来るのをやり過ごして背後から右手で徳恵を絞殺し、物音に慌てゝ公子が下りかゝるのに気がつくと梯子段の中央まで駆け上て当て身をくれて締めあげて絶命させ茂子（八つ）が泣き出したので仏間に入つて同様締め殺し悠々と後始末をしたものである。

（『読売新聞』一九三三年二月二六日夕刊）

後半の生々しい描写は、景久が過去に柔道講師であったことを思い出させる。この事件について新日本音楽運動で志を同じくしていた町田嘉章と、尺八の師匠であった川瀬順輔それぞれのコメントが新聞に掲載された。

交渉に当つてゐる町田嘉章氏は語る「あの人がそんなことをやらうとは思はなかつた、非常に冷静な人で琴古流の大先輩だが世渡りが下手で実力ほど世の中から認められず最近は弟子もなくなり生活も困難なやうでした、本年一月ごろ私のところへ来て尺八道は行きづまつた、新境地を開拓するには楽譜の改造をやらねばならないと相談に来たこともありました」

（同）

犯人野村が尺八の師匠としてゐた四谷区箪笥町九五番地川瀬順輔氏は語る
あれが弟子入をしてもう十年余にもなりませう、もっとも入門した時から尺八は上手で代げいこをしたこともありましたが数年前から野村は新曲方面に走り今では私の方とほとんど派が異つてゐます、新曲の方では相当名が売れてゐます、然しこの不景気で最近は生活上に窮乏してゐる様な話を他から聞いた事もありました。

（『朝日新聞』一九三三年二月二六日夕刊）

目立って活動をしていたようでも、経済的には困窮していたことがうかがわれる。実際、この頃の日本は一九二九年のウォール街に端を発する世界恐慌の余波で、長い不況の中にあったのである。尺八を習う人の数も減っていたのだろう。

そしてこの不況の時代は、同時に「エロ・グロ」の時代でもあった。「猟奇」という言葉が流行り（この事件でもやはり使われている【図3】）、人間や社会の裏面への好奇心をかき立てる報道や創作が人気を博した。

この事件もそういった「エロ・グロ」流行の中で、いわゆる「実録もの」の書籍に収められることとなる。楠瀬正澄『捜査を基礎とせる最近重大犯罪探偵秘録』（警察智識社、一九三三）、週刊朝日編輯局選『男渡世物語——本当にあつた事』（朝日新聞社、一九三五）がそれで、事件

名古屋市外の怪兇劇・一家皆殺し後報
獵奇は渦まく
罪の蔭に妖女か
容疑視された婿の死體發見
親戚關係を召喚
訪れた怪紳
被害者の家を――
銀行へ改印屆
醉漢、逃ぐ

【図3】『毎日新聞』（大阪版）1933年2月9日夕刊

発覚から捜査の過程、犯人逮捕までをセンセーショナルな筆致で描いている。前者の著者である楠瀬は他にも多くの実録ものを書き、また後者も「本当にあつた事」でシリーズとなっているものの一冊である。活躍中の音楽家による子供を含む一家四人殺害というニュースは、かように派手に報道されたのである。

5　精神的なるものの回帰

さて、景久は預金を引き出そうとしたときのサインの筆跡が有力な手がかりとなって逮捕され、同年一〇月一八日から名古屋地方裁判所において公判が始まることとなる。検察は「野村は自己の芸術を論難されたゝめに同人を絞殺したのではなく金を強奪するために絞殺したものである」（『読売新聞』一九三三年一〇月一九日夕刊）と、あくまで金銭目的の犯行であることを主張し死刑を求刑。

これに対する景久側の直接の主張は見つけられていないが、彼がしばしば論考を載せていた雑誌『三曲』第一三九号に、

> 只だ真実の罪状を明らかにするの義務と責任を感じます、然して新聞に依る誇大な汚名を一掃し得れば足るのです。
> 然し最後に起つた欲心のみが如何にも此事件を醜くして居る事、之が大なる殺害の罪よりも一層に恥を強く感ずるのです。
>
> （「野村景久氏消息」『三曲』第一三九号、一九三三）

との書簡を送っており、金銭目当てであったことは否定している。人を殺したことよりも、自分が金を奪ったという報道を気にしている時点で悔悛が見られない書簡ではある。

この景久の起こした事件に対する尺八界の反応は、これまでの彼の活動が打ち出してきた価値観と対照を成すものであった。

> 尺八、殺人、飛んでもない印象をのこしたものだ、誰しもびつくりしてるだらう、幕末の頃虚僧《ママ》の凄味を詠んだ川柳に「御無用の聲がかたきにそのまんま」といふのがある大体御

無用といふ敬字が虚無僧の敬遠で、明治時代でも道楽もの視された歴史がある。折角こゝ迄来た尺八を悪い印象で包む事は何としても出来んが、野村は気狂ひになつたとはいへ全く飛んでもない事を仕出かして呉れた。

(藤田生「驚愕の中心——野村景久の事」『三曲』第一三二号、一九三三)

雑誌『三曲』に載った藤田生による記事である。ここにも説明されているが「御無用」というのは、虚無僧の托鉢を断る時の決まった言い方で、『仮名手本忠臣蔵』でも、虚無僧に扮した加古川本蔵が大星由良之助のもとへやってきた際に、由良之助の妻お石が本蔵の妻戸無瀬に「御無用」と言う有名な場面がある。とはいえ、この川柳では虚無僧そのものを指している。敵討ちのために虚無僧の扮装で仇に近づくという定型が見て取れる川柳である。

先に書いたように、尺八にとって虚無僧のネガティヴなイメージは濯《すす》ぎたいものであった。野村も含めて尺八の近代化が戦ってきた相手の一つは、そのようなイメージであったはずである。しかし彼の凶行はそれを巻き戻し、再び虚無僧を人に想起させたのである。

もっとも、いつの時代も妙に軽い人というのはいるもので、この事件について「野村景久さんは、どうなりますやろと到る所で噂とりどり、どの位の求刑になりますか知らん、景久《けいきゅう》さんが刑求《けいきゅう》されるとは、実に人の世は判らんものですね」(草亭生「反古籠」『上田流楽報』一九三三年三月号第一八六号）という記事も出ている。とはいえ、もちろんこれは例外的である。
先ほどの藤田生の記事は次のように続いている。

三曲界としては大震災同様、さなきだにこの非常時お互いに精神的に拍車をかけて自力更生、尺八界の名誉の為め自らの浄化聖化を第一として、世を清化しなければならぬ、それはお互ひの為めでもある、今一歩進んで尺八に信仰をもたなければならぬ、厳粛なる芸術としてのわが尺八に心を同化させて見ることである。

（同）

景久が尺八から「神聖」さを排そうとしたこととは、真逆の主張である。もっとも、虚無僧に悪いイメージをもっていることからも分かるように、かつての普化宗の法器としての尺八に戻れと言っているわけではない。それに「芸術」という概念は多分に近代的なものでもある。これは保守なのだろうか、革新なのだろうか。それともその二つを止揚できる新たな道なのだろうか。

また景久と共に新日本音楽運動に関わっていた中島雅楽之都も、

又、我が三曲界では、野村氏の殺人事件その他の後を受けて、それに関連する箏曲界もその影響から一般に振わなくなった様に自己の時代に対する認識不足を棚に上げて、責任転換している人も多く〔略〕私は宗教も音楽も本来の社会的使命は、不惜身命の信念に勇躍しつつ徳器を成就し社会を浄化して、正しき思索と時代思想を誘導〔略〕

（『中島雅楽之都随筆集』正派邦楽会、一九九六、執筆は一九三六年）

すべきものだと考えている旨を記している。この「その他」が何を指すかは不明だが、もしかしたら景久と同時期に、同じく尺八奏者の福田蘭童が結婚詐欺で有罪となったことを指しているのかもしれない。彼は一九三二年から、逮捕される一九三四年までの間に七人の女性と関係をもち、誘惑しては金を借りてから別れるという悪質な行為を繰り返していた。その後も強姦事件を起こすなど醜聞で世間を賑わした。一時は「～蘭童」が世間で結婚詐欺の隠語ともなったほどで、女性の結婚詐欺師は「女蘭童」、大学教授であれば「学者蘭童」、戦時の悲談で女性を引っ掛けるのは「非常時蘭童」、他にも「偽医者蘭童」「剣術蘭童」、といった具合である。先に野村景久が福田蘭童の「後継」と紹介されて世に出たことを述べたが、皮肉な「後継」ではある。

さて、景久である。

一九三四年一一月一九日、名古屋控訴院にて第二審が行われる。再び死刑が求刑され、確定。名古屋刑務所で刑を待つ身となる。

この時、景久は『三曲』に手紙を送っている。

> 先方の無礼を怒り畳を蹴て去らんとせし時袴をぬいで渡してあつたので気が折れてその少隙に口論進んであの始末でした、先方も心にもなき「袴でもとつて御ゆつくり」の御世辞の一言があの大事件の因をなさんとは、宿縁の程恐ろしき極みといふべきです、人生は科学のみでは割切れない、信仰の必要の事を沁々感ぜずにはおられません。
>
> （『三曲』第一六〇号、一九三五）

尺八についてではないが、景久自身も「科学のみ」ではなく「信仰」が必要であるという、精神性の重視へと向かっていることが分かる。手紙から真意を汲むのは難しいが、うがった見方をすれば、自身の犯行を「宿縁」で済ませるところにも、ある種の精神性への指向を看取することもできよう。

そして一九三五年六月二四日午前九時、名古屋刑務所において死刑が執行される。遺体は名古屋大学医学部に献体された。

彼の死については、以下の記事がある。

実際尺八家には無義で人を殺した人はあつても、その改悛の情の深い事、最後の立派さは到底常人の及ばない覚悟がありました。これ等は尺八を吹いたからとは全部承認できますまいまでも、必ず一部の力があつた事は確かです。まことに尺八音霊の人心を支配する力は偉大なものであると思ひます。

（「尺八読本　尺八の音」『上田流楽報』一九三五年一二月号第二一八号）

人の命に関わるからこそその内容であることは当然だが、それでもやはり尺八という楽器をただの楽器とせずに、精神性をもったものとして捉えようという意図を感じる文章である。この、合理から精神へという流れは奇しくも同時代の社会状況にも対応している。大恐慌、広がる貧富の差、新しい政治思想の流行と弾圧、国際社会からの独立もしくは孤立――このような中で、明治以降ずっと西洋化を近代化と同一視して進んできた近代日本が、西洋化ではない日本なりの近代化の道があるのではないかと模索し始めた時代である。そこでしばしば持ち出されたのが、具体的な事物や方策ではなく、日本らしい精神というような抽象的な観念であった。

野村景久が進めようとした尺八の合理化が、殺人事件をきっかけに尺八の精神化へと方向転換をしたように、そしてその精神化はかつての音楽への回帰であるように見えつつ、実際には過去の虚無僧がもっていたようなイメージを排除した新しいものであったように、同時代の社会の精神性への傾倒も、これまでの日本が経験したことのない、新しいものであった。景久が事件を起こした一九三三年は、まさに時代の継ぎ目だったのである。

＊本章執筆に当たって尺八奏者の國見政之輔氏から『上田流楽報』掲載の諸記事や、野村景久の遺体が献体されたことなど、多くの貴重な情報を得た。ここに記して感謝を申しあげる。

第2章

「良い」田舎と「悪い」田舎

音楽における都市と地方

― 混乱の予兆としての音楽

一九三三年に書かれ、その大部分が同年発表された堀辰雄『美しい村』は、タイトル通り、「美しい」軽井沢が舞台となっている。しかしその「美し」さとは何だろうか。作中で堀は次のように書く。

夏はもう何処にでも見つけられるが、それでいてまだ何処という的《あて》もないでいると言ったような自然の中を、こうしてさ迷いながら、あちこちの灌木の枝には注意さえすれば無数の莟《つぼみ》が認められ、それ等はやがて咲き出すだろうが、しかしそれ等は真夏の季節《シイズン》の来ない前に散ってしまうような種類の花ばかりなので、それ等の咲き揃《そろ》うのを楽しむのは私一人だけであろうと言う想像なんかをしていると、それはこんな淋《さび》しい田舎暮しのような高価な犠牲を払うだけの値は十分にあると言っていいほどな、人知れぬ悦楽のように思われてくるのだった。そうして私はいつしか「田園交響曲」の第一楽章が人々に与える快い感動に似たもので心を一ぱいにさせていた。

（堀辰雄『美しい村』）

この『美しい村』にも、また数年後に発表された同じく堀辰雄による『風立ちぬ』（一九三六―一九三八）にもサナトリウムが登場して閉じられた世界を演出するが、たとえば同じサナトリウムを舞台にしたトーマス・マン『魔の山』（一九二四）と比べた時、混乱する社会情勢から隔離された特殊な環境にいるということに意識的なマンに対して、堀は徹底して個人の内面的な感傷へと目を向け、それを繭のように包んで保護してくれるような、そんな世界を田舎に見出している。（宮崎駿監督によるアニメ版『風立ちぬ』（二〇一三）は、堀の個人的な作風に、ゼロ戦開発という外の世界の狂騒を取り入れ、『魔の山』の主人公まで登場させて、力技で原作を『魔の山』化したものであると言えるだろう）。

そして先の引用にあるように、そのようなユートピアとしての「地方」での生活にふさわしい音楽は、ベートーヴェンの交響曲第六番《田園交響曲》なのである。

田園――二〇世紀に入って、都市の洗練と田舎の野卑という二項対立に、新たな価値観を持ち込んだのが、この「田園」という概念である。もちろん、これは古くから漢詩にもある概念ではあるが、近代におけるそれは西洋的なイメージをまとっているところに特徴がある。

明治になってからの近代都市化が一段落すると、今度はむしろ都市は頽廃的で堕落した場という認識が広まっていく。そこに対置されるべきなのは「田舎」である。しかし実際の農村は、都市からすれば近代化の十分進んでいない、改良の対象であった。そんな中で、いわば洗練された田舎として「田園」が登場する。

典型的なのは「田園都市」という概念で、イギリスの「garden city」の訳語として既に二〇世紀に入った頃から紹介され始めており、一九二〇年代からは大阪の千里山や大美野、東京の田園調布など、大都市で働くホワイトカラーが住むために農村的な環境が整備されていった。郊外に西洋的でロマンティックな美しさを見出すことは、国木田独歩『武蔵野』（一八九八）のように、明治期から既に始まっており、それが頂点を迎えるのがこの頃、というわけである。『美しい村』の軽井沢も同様に、明治期から別荘地として開発され始めたものである。ベッドタウン的性格をもった田園都市とは異なるが、戦後まで続く避暑地・別荘地として田園風景の典型の一つとなってきた。一九二〇年代からは複数の大手企業が開発に関わるようになり、別荘地としての範囲も拡大していく。『美しい村』の一九三三年には軽井沢観光協会が設立され、国道が整備された。外国の大使や公使をはじめとした外国人も多く、人々にとっては異国情緒を感じられる世界でもあったろう。堀は軽井沢での「田舎暮し」を「淋しい」と書きつつ、それは「人知れぬ悦楽」であるとも言う。田舎をただ未開の場所としてのみ捉えるのではなく、そこにある「人知れぬ」ことの良さを見出す「田園」の概念が、この堀の表現には表れている。偶然だが寺田寅彦も、同じ一九三三年のエッセイ「軽井沢」（『経済往来』一九三三年九月号）

で「水稲、黍《きび》、甘藷《かんしょ》、桑などの田畑が、単調で眠たい田園行進曲のメロディーを奏しながら、客車の窓前を走って行くのである」と、似たような表現を用いて軽井沢を描写している。

さて、《田園交響曲》に加えて、さらにもう一つ『美しい村』にとって、いっそう重要な音楽作品がある。バッハの《フーガBWV578》、いわゆる「小フーガ ト短調」である。『美しい村』の作中に、チェコスロヴァキア公使館別荘からピアノによる同作品が聞こえてくる場面があり、彼の「『美しい村』ノオト」によれば、これは堀本人が実際に経験したことで、彼はこのバッハの音楽の構造を小説に活かそうとした。このこと自体は本人も語っており、よく知られている。だが、ここでは少し異なった角度からこの作品を見てみたい。それは、この音楽がどのように聞こえたか、ということである。

一九三三年といえば、都市部では西洋音楽の受容が進み、演奏会も多く開かれていた時代である。また、レコードやラジオといったマスメディアでもクラシック作品はしばしばかかっている。それゆえ、このバッハもそのような中の一曲、というだけのことかもしれない。しかし、実は当時、バッハの作品はその高名ほどには演奏されていなかったのである。

同じ一九三三年に出版された横山喜之編著『バッハ研究』（東京バッハ協会出版部）には、前年に編著者によって書かれた「ピアノ演奏界とバッハ」という記事が載っており、そこには次のように書かれている。

全体から見て現在の我国の楽界に於けるバッハのピアノ曲の演奏は凡そ盛大の正反対、貧弱そのものである。（略）外国人教師の或る人々が真面目にバッハを教授して来ただけである。（略）果たしてそれでよいのであろうか。

そして日本のピアニストがベートーヴェンとショパンとを偏重する状況に苦言を呈している。著者は「盛大なる我国の楽界に一人のフーガ演奏家無きを怪まざるをえない」と述べ、バッハを正しく評価するためには、鑑賞だけではなく、実際に演奏してみなければならないとして、「敢てバッハ・ファン諸君に勧む、Spielen Sie nur!〔ともかく弾け！〕」と呼びかけている。

つまり、堀が聴いたバッハは、十分にその名と価値が知られていながらも、都市——西洋音楽の演奏会は大都会に限られた文化であったから——の手垢にまみれていない音楽だったわけである。これはまさに作中で「都会にいたたまれないでこんな田舎暮らしをするような僕」という主人公にふさわしいものであろう。

さて、堀が聴いた時、チェコスロヴァキア公使館でこの曲を弾いていた人物が誰なのかは分からない。しかし、もし公使本人だったとすればフランチシェク・ハヴリーチェク（František Havlíček）という人物である。彼は一九三二年に日本に赴任し、一九三九年まで公使をつとめた。彼は日本で野球ファンになったらしく、一九三六年には『読売新聞』で当時の名投手、沢村栄治を絶賛していることが記事になっている（一九三六年一一月六日朝刊四面）。一九三九年まで、というのはその年にナチスによってチェコスロヴァキアが解体されたからである。公使館もドイツに接収される。しかし彼はすぐには帰国せず、非公式のチェコスロヴァキア代表として日本に留まった。できれば永住したいと言っているという報道もあったが、一九四一年にスパイ容疑で逮捕され一年間拘留。一九四二年に解放され、在日の敵国人と在外の日本人を交換する「交換船」に乗って第三国のモザンビークへ。そこからイギリスへと渡り、そこで一九四〇年に発足したチェコスロヴァキア亡命政府に関わることになる。戦後は本国へ帰り、再び外務省で働くも、政変に伴って離職、一九五八年に亡くなっている。

ちなみにハヴリーチェクの乗った交換船は、当時「太平洋の女王」と呼ばれていた浅間丸で、この船は交換船として使われた二年後の一九四四年一一月一日に撃沈。その約一カ月後の一二月二日、ハヴリーチェクが称えた沢村栄治も輸送船（はわい丸もしくは安芸川丸）に乗っていたところを撃沈され戦死している。

堀がハヴリーチェク（か、その他の公使館関係者）のバッハを聴いた一九三三年は、ドイツでナチスが政権をとった年である。バッハの音楽は作曲家の血統からナチスによって評価され、ワーグナーほどでないにせよ、政権のいわばサウンドトラックの一つとなる。

そして堀自身はこの後、国粋化の世相を背景に、次第に日本古代への憧憬を強めていく。林淑美は一九四一年に書かれた堀の紀行文「大和路・信濃路」について、彼が和辻哲郎らの影響を受けつつ唐招提寺や新薬師寺などの「古代」文化に惹かれていったことを論じている。実際、「大和路・信濃路」を含め、当時発表された文章や書簡を見ると、他に折口信夫『古代研究』や『死者の書』なども読んでいたようである。面白いのは、堀がそれらの寺を見て歩く中で得られた感情を「パストラアル」(牧歌的)と表現していることである(『昭和イデオロギー——思想としての文学』平凡社、二〇〇五)。堀が『美しい村』で示した田園風景への思いの行き着く先は、時代背景と個人の思いとが絡まり、このように複雑である。ジョージ・オーウェルは、第一次世界大戦時・直後のイギリスで若者たちに最も流行したのは田舎を舞台にした詩であることを指摘しているが("Inside the Whale" 一九四〇)、戦争と田園への憧憬の結びつきは近代国家にある程度普遍的な反応なのかもしれない。

既に書いたように、『美しい村』自体は個人的な感情や経験に焦点を当てたものであるが、そこに影響を与え、また作中に取り込まれた音楽は——作者本人の意図ではないだろうが——来るべき混乱の時代を予兆するものであった。いわば『美しい村』は、田園が、そしてそこで響く音楽が、時局とは無縁でいられた最後の瞬間を書き留めているのである。

２　ねつ造される「美しい田舎」

翌一九三四年、《軽井沢音頭》なる曲が発表される。中山晋平が曲、西條八十が歌詞を書いたこの作品は、次のような歌詞である。

百合を持つ手でヨホホイノホイ／金髪むすめ、路を教へる軽井沢／シヨコ　ヨササノ　エッサイサイ

「金髪むすめ」という語は、いちおう外国人の多い軽井沢を描写してはいる。しかし「ヨホホイノホイ」という囃子詞が挿入されるなど、堀辰雄が『美しい村』で示したような田園風景を、突然温泉宿や盆踊りの光景に転じさせるような作品である。

これは「新民謡」と呼ばれたジャンルで、新しく作られた民謡風の音楽である。新しく作る、ということからも分かるように、ここで言う「民謡」とは、今日私たちがそう聞いて想像する、地方で受け継がれてきた伝統的な民謡のことではない。はっきりとした作者のいる文学・音楽ジャンルである。

本来、自然発生的に歌われ伝承されるはずの民謡を、新たに作ろうという試みは、まずは文学運動として明治中頃から始まった。嚆矢とされているのは中西梅花「浦のとまや」（一八九二）で、短い歌謡風の詩である。さらに同年、山田美妙が軍歌・流行歌風の「蒙古襲来」を発表し、後に初の新民謡詩のアンソロジーとして発行された北原白秋編『日本民謡作家集』（大日本雄弁会、一九二七）には、中西の作品と並んで最初期の新しい「民謡」の例の一つとして挙がっている。その後、それまで社会主義運動に関わっていた詩人の野口雨情が作風を一新して『枯草』（一九〇五）を発表し、これが新民謡の雛形となる。

ここで示されるのは、七音や五音から成る単純な定型に従い、おもに田舎を舞台とした地方情緒を表現した作品である。さらにこの後、平井晩村や、イラストレーターの竹久夢二、そして北原白秋のような著名な詩人も「民謡」と冠した詩を書き始めることで、次第に大きな文学運動となっていく。

さらに、この文学としての新民謡に作曲家が曲を付けることで、音楽としての新民謡が展開していく。音楽としての新民謡の特徴は、上記の歌詞に加えて、囃子言葉のような意味をもたないフレーズが入ることが多いこと、いわゆる「日本民謡風」な響きのするヨナ抜き音階や都節音階が多用されること、そして比較的簡単に作られていることである。

当初は、トルストイ『復活』の舞台版の劇中歌としてヒットした中山晋平作曲・島村抱月／

相馬御風作詞《カチューシャの唄》（一九一四）のような作品が、歌詞に本来の原詞にはない「ララ」という囃子言葉を取り入れていることもあり、民謡であると言われることもあった。また中山晋平作曲・野口雨情作詞の《船頭小唄》（一九二二）に《枯れすすき》として発表。一年後に改題）も民謡として、映画とのタイアップの甲斐もあり、大ヒットしている。

このように、当時「民謡」「新民謡」と呼ばれた音楽の幅は相当に広く、今で言うところのポップスや流行歌という程度の意味で用いられてもいた。しかし、このムーヴメントの核となり、また今なお「新民謡」の呼称で指されるものは、観光地・温泉地など特定の地域を題材にした、民謡風の音楽である。

このような、地方を舞台とした新民謡の火付け役は、《船頭小唄》と同じ作詞作曲コンビによる《須坂小唄》（一九二五）である。この曲はもともと長野県須坂市の製糸工場で働く女工のためのレクリエーション用音楽だったが、当地の芸者らによって披露され、その土地の名物として人気を博すことになる。

そしてこれ以降、土地の名前を冠した、いわばご当地ソングとしての新民謡が各地で大量に生まれることになる。私たちの注目する一九三三年は、このブームが最も盛り上がった時期にあたる。

さて、この新民謡ブームをよく伝える書籍がこの年に出版されている。

西川林之助『民謡の本』（東北書院、一九三三）である。翌年に成光館書店から再版された際には『民謡の作り方』と改題されていて、そのタイトル通り、民謡を新しく作ろうとするアマチュアに向けて書かれたものである。

当時の新民謡人気は、人々に、ただ聴いたり踊ったりするだけではなく、自分でも作ろうという気持ちを起こさせた。さすがに作曲は難しかったようで、ほとんどは作詞に留まってはいたが、今日で言うところの短歌や俳句の結社のようにサークルを作って、同人誌を発行し、そこで自作を発表したのである。そして、各地域のサークルはお互いに献本を通じて、時に批評を交換するなどのやり取りを行っていた。また、東京を中心に活動する著名な詩人たちにも献本されており、彼らはある種のハブ地点のような位置づけとなっていた。このアマチュアによる新民謡雑誌は少なくとも一〇〇誌以上はあったと考えられる。短歌や俳句ほどではないにしても、決して少なくない数である。

さて、このようにアマチュアの活動が盛んになると、それに向けての参考書も登場してくるわけで、その一つがこの西川の『民謡の本』である。

私たちは民謡といえば、その土地土地の個性を活かす方向で考えるのが自然だと思うが、この参考書の中で西川は、それとは少し違ったことを説いている。曰く、日本の民謡と云つても、それが、九州地方や東北地方ではよほど違つた言葉と調子を持つているので、極く狭い意味で云うと一地方一地方でその地方、地方の民謡があるわけである。だが、それは地方、地方の言葉と調子を持つてゐながら、日本人である限り、その謡から、その謡の味を聞きわけられるところに日本の民謡は日本の民謡としてドイツの民謡とその味が違ふと云ふ本質的の民謡の特色があるわけである。

と。すなわち各地方の特色よりも「日本民謡」としての統一性が優先されるのである。このことは詞の内容にも反映される。

たとえば以下に示すように、方言の使用も、せいぜい地方色を演出する程度に留めるべきであるとされる。

自分一人が解るのでは民謡の意味を持たないのであるから、少くとも聞いて、意味の解る言葉を用ひて、一地方のみならず、一般的に大衆のものとなるものを心掛けておかねばならない。今日の場合、標準語のみで立派に民謡になり得るのであるから殊更らに方言に重きを置かなくともいゝわけであるが、或る一つの職業階級のものとか或は特殊な地方色を持たす場合とかにはそれによつて一層の効果を表はす事は勿論の事である。

また、その土地に暮らす人たちにのみ通じる語彙も、その土地という文脈を切り離しても理解が可能なように改めることが推奨される。

尚この作品に揚げ雲雀とか、西の山山、とか、不必要なまでに具体的に書かれてゐるのは、かうした作品の場合何の効果もあたへないものである。重要なのは作品の中に作られる風景の具体性で、一々の物質的な具体性ではない。

さらに韻律についても、七・七・七・五の音数をさらに三四・四三・三四・五に分けたものを定型として、次のように言う。

この調子が民謡調の基本形と云つて差支へない程日本人にはピツタリしてゐる。〔略〕形に対する態度はこの音数律を基本として考へるのが先づ最初の事であつて、最も重要なことである。

このような方法で作られる新民謡は、表面上の雰囲気こそ多少その地方らしさを表してはいようが、結局のところ規格に従って量産されるジェネリックなものである。

別の新民謡参考書も、このジャンルの量産型の側面をよく表している。新民謡詩を多く書いた大関五郎が一九二九年に出版した『民謡辞典』（素人社書屋）は、書名に「辞典」とあるが、実際には辞典ではなく、むしろ語彙集と言った方が良いものである。この「辞典」は、「春の部」「夏の部」「秋の部」「冬の部」「人事の部」「雑の部」の六つに分かれており、それぞれに関連する語彙を集めて、全部で四九の見出し語を収めている。

具体的には、たとえば「春」という見出し語には、

春が来る。春が来た。春が行かうと行くまいと。春の日が永い。春もをはりか。春はふけ春はほうけて。春だ春だ春だ。春めく。春も末かよ。春はあけぼの。今年も春が。いつも春来て。春の名残の。春の道化の赤シヤツポ。十五の春は。春の歌。春着の小袖。春着にきゆつとしめてみりや。十六の春も。春だ春だよ。春だもの。〔略〕

というようなフレーズが列挙されている。これが各見出し語について行われているのである。

著者の大関は、この「辞典」の使い方について次のように書いている。

先ず私は「春の部」の「春の花」の中に、「咲いた菜の花、菜の花は」を見つけて原稿用紙に書取りました。次に、「人事の部」の「別れ」の中に、「君と別れたあの夜さの」を拾ひました。それから、今度は同じ「人事の部」の「夢」の中に、「何も夢よといひました」を見つけて書取りました。そこで私は、また「人事の部」の「約束」の頁を繰つて「いまは悲しい約束に」を見つけ、「雑の部」の「村」の中に「村の祭の笛太鼓」を拾ひました。それからまた「人事の部」の「涙」の中に、「ほろり涙が落ちました」を見つけて書取りました。
以上の類語を綴つてみませう。

咲いた菜の花菜の花は
君と別れたあの夜さの
例《ママ》も夢よといひました

いまは悲しい約束に
村の祭の笛太鼓
ほろり涙が落ちました

題は「約束」とつけませう。

この作例の中の「村」がどのような村であるか、「祭」がどのような祭であるか、「笛太鼓」がどのような音を鳴らしていたか、ここではもはやそのようなことはまったく問題にならない。ただ交換可能な地方・田舎のイメージが並んでいるだけである。しかし西川の参考書にも表れていたように、これこそが新民謡の特徴だったのである。

音楽面でも同様である。新民謡というジャンルを代表する作曲家の一人である中山晋平は、エッセイ「流行歌の作曲」（北原鉄雄編『アルス音楽大講座』第四巻、一九三六）において、自身の作曲に用いる音階を「短旋法」「学童旋法」「田舎節系民謡音階」「都節系民謡音階」の四つに分け、後者二つを新民謡に適したものとして説明している。

また演奏に関しても、伝統的民謡であればその土地の名手のような人がいて高度なテクニックを披露することもあろうが、新民謡は、それほど音楽や芸能に習熟していない芸者や素人にも演じられるように、簡単にできている。

このように新民謡は作詞作曲、そして演奏と、すべてにわたって規格化されたジャンルなのである。そしてそこには、その土地でなければならないという必然性は少ない、というよりもほぼ無い。

しかし、これらの曲がただそれだけのものであれば、おそらく単なる「ニセ民謡」として終わっていたかもしれない。だが、新民謡には聴き手をそこに惹きつける仕掛けをもったものもあるのである。

新民謡というジャンルは、おもに東京を拠点とする著名な作曲家・作詞家が各地の作品を作るという性格上、馴染みのなさや新奇さを求めるエキゾチシズムに基づいている。しかし同時に、既に西川の『民謡の本』で見たように、それらを「日本民謡」という単位で捉えて、馴染みある「自分たちのもの」と考える帰属感も含まれている。すなわち新民謡が目指すものは「馴染みがない」(エキゾチシズム)と「馴染みがある」(帰属感)の両立である。そしてそれは、馴染みがないものを馴染みがあるように歌う、というかたちをとる。具体的には、自己言及的な歌詞となって表れるのである。

自己言及的な歌詞については、佐々木健一『タイトルの魔力――作品・人名・商品のなまえ学』(中央公論新社、二〇〇一)が、アメリカのカントリーの定番曲《テネシー・ワルツ》(一九四八)を取り上げている。佐々木は、同曲の歌詞の中に「テネシー・ワルツ」という名の曲が登場することについて、そこに騙し絵のような入れ子状態が生じていることを指摘している。他に有名なヒット曲ではエルトン・ジョンの《Your Song》(一九七〇)も曲そのものが曲の主題になっている。新民謡にも同じような歌詞をもつものは多い（《テネシー・ワルツ》もテネシーを舞台にした新民謡と言えるかもしれないが）。

現代で最も有名な新民謡のうちの一つ《ちゃっきり節》（一九二七）は「うたはちゃっきり節」という詞で始まる。私たちは、この作中で言及される「ちゃっきり節」という名の曲を知らない。しかし、この歌を歌う時、あたかもそれを知っているかのように歌うことになる。そして、この歌を歌っている時点で、確かにこの歌を知ってもいるのである。自分がその歌を知っているという設定の世界に入り込むと言っても良い。「馴染みがない」と「馴染みがある」を同時に経験するわけである。

そして一九三三年に大ヒットした新民謡《東京音頭》もまた、このような自己言及的な作品である。先に挙げた《軽井沢音頭》と同じ中山晋平・西條八十のコンビで作られたこの曲も（というより《軽井沢音頭》が、《東京音頭》のヒットを受けて作られたものだが）、やはり「踊り踊るなら／チョイト東京音頭」と始まる。この作品は、これまで東京の外に目を向けてきた新民謡が、東京という自己に目を向けたものである。《ちゃっきり節》と同じく、作中で「東京音頭」と呼ばれる曲は知らないにもかかわらず、しかしそれを歌い、または踊ることで、あたかもそれがずっと存在していたかのような歌の世界の中に入り込むことができる。

この《東京音頭》は、先の《軽井沢音頭》も含めて《〜音頭》量産の発端となる。自己言及型の詞はその定番の一つとなり、中山晋平作曲・北原白秋作詞の《福島音頭》(一九三四)、同じく中山晋平作曲・西條八十作詞の《あやめ音頭》《日満音頭》(いずれも一九三四)、等も、作中にその作品名が登場する。

これは戦後も続く。個人的な記憶になるが、私が幼少期に地元の夏祭り等で踊った大阪府高槻市の《高槻音頭》には「高槻音頭で/エーソレソレ/ひと踊り」という歌詞があったし、おそらく七〇~八〇年代に生まれ育った人にはよく知られた《アラレちゃん音頭》(一九八一)も同様である。今日、一九三三年に《東京音頭》が踊られている写真を見ると、その盛り上がり振りに戸惑うかもしれない【図4】。しかし歌の中に入り込むこの仕掛けを通じて、文字通り彼らは《東京音頭》の中に没入していたのである。

さらにこの民謡・新民謡ブームは、一九三三年四月、浅草に民謡専門劇場「歌の国」を開館させる【図5】。古川ロッパが同年同月同じ浅草に立ち上げた「笑いの王国」を思わせる劇場名である。新聞では「こんど水族館が「歌の国」となり長谷川玉子一派の佐渡おけさを中心にして越後追分や相川音頭などのほか万歳なども出て大賑か、浅草で唯一の民謡劇場となつてゐる」と報じられ、人気となっていたことがうかがえる。ちなみにこの水族館については堀辰雄が「水族館」(一九三〇)というエッセイにしている。カジノ・フォーリーの踊子にまつわる痴情のもつれを描いたこの作品で堀が描いた浅草の弛緩した賑わいは、堀が田舎の田園風景の美

【図４】東京音頭の様子（遠藤憲昭『流行歌と映画で見る昭和時代Ⅰ』国書刊行会、1986）

□歌の國　こんど水族館が「歌の國」となり長谷川玉子一派の佐渡おけさを中心にして越後追分や相川音頭などのほか万歳なども出て大賑か、浅草で唯一の民謡劇場となつてゐる【寫眞右端が長谷川玉子】

【図５】歌の国（『読売新聞』1933 年４月７日夕刊）

しさと対置した都市の風景の一つであろう。この民謡劇場を通して各地の民謡もまた、本来根ざしていた土地から離れて、都会の娯楽となっていったのである。

3 絶望する農村と謳い上げられる農民精神

堀の描いた田舎が極度に個人的なものであるとすれば、このような民謡・新民謡が演出する田舎は、個性を剥ぎ取った、過度に公的なものであると言えるかもしれない。
では、綺麗に漂白されたかのような堀の田舎イメージと、同系色で塗りつぶしたかのような新民謡によるそれとの中にあって、実際の田舎はどのような状況だったのだろうか。

不況と凶作である。

一九二九年、ウォール街での大恐慌の影響は日本にも及び、グローバル経済への疑念が強まった。日本の農村部でも、農閑期に行う副業が大幅に減る。当時の農村の困窮については、特に東北地方について、実際に岩手県でそれを経験した山下文男『昭和東北大凶作――娘身売りと欠食児童』（無明舎出版、二〇〇一）が詳しい。それによると、当時の全国農家の一戸あたり平均負債額は一九三〇年で約七〇〇～八〇〇円、不況から脱したと言われる一九三三年には約一〇〇〇円であったという。一九三〇年代当時の給与所得者の平均年収が七〇〇円台前半なので、それを超える金額である。つまり、農村部は明らかに不況の回復から取り残されていたのである。

同書には、当時の不況で増加した「ホイト（乞食）」についての著者の記憶が書かれている。様々な「ホイト」がいる中には芸事を行う者もいて、

ホイト（乞食）どのは、宿賃代わりにと、炉端に膝をついて尺八を吹いたり、歌を唄ったりして芸を披露する。民謡の好きな兄が「秋田おばこ」や「津軽あいや節」などを教えてもらい、一緒に唄ったりもする。その他、自分の故郷や回ってきた村々の景気や事件の話など、冬の夜長にさまざまな話を聞かせてくれるので、父母にとっては情報源でもあった。

という。東京で新民謡が流行り、民謡劇場が建った頃、田舎の村で民謡を歌っていたのは彼らのような人々だったのである。

さらに一九三一年の大凶作を受けて、農村の女子の身売りが激増する。既に言及した《須坂小唄》が作られた須坂のような紡績工場に女工として勤める者もおり、また前借りがきき、より手早く現金が手に入る酌婦、芸妓、娼妓として都会へと売られる者もあった。頽廃だと批判されつつも隆盛した当時のエロ・グロの都市文化であったが、しかしその背景には、都市へと

出てきてそのような頽廃的とされる生き方を強いられた田舎の人々がいたわけである。第3章で触れる一九三三年を舞台にした夢野久作『少女地獄』（一九三六）には、零落した東北の家から東京へと出てきた女性が重要人物として登場するが、これもそのような状況を背景にしたものであろう。

不況と凶作だけではない。

一九三三年三月三日には、昭和三陸地震とそれに伴う大津波が起こっている。死者・行方不明者は合わせて三〇〇〇名を超え、当時「敵国」であったはずの中華民国からすら義援金が届くというほどの災害であった。

二〇一一年三月一一日の東日本大震災以降、この一九三三年、そしてその前の一八九六年の三陸津波が注目されている。特に当時の避難方法を伝える言葉や、波の高さを記した各地の記念碑は防災の面から注目されている。

寺田寅彦は一九三三年のエッセイ「津浪と人間」において、

災害記念碑を立てて永久的警告を残してはどうかという説もあるであろう。しかし、はじめは人目に付きやすい処に立ててあるのが、道路改修、市区改正等の行われる度にあちらこちらと移されて、おしまいにはどこの山蔭の竹藪の中に埋もれないとも限らない。

と述べている。二〇一一年を知る私たちからすれば、残念ながらこれはほとんど的中したと言ってもいい。しかし二〇一一年の津波の際の避難態度などは、過去の教訓が活かされた事例もあるようである（たとえば「釜石の出来事」と言われる、同地の小中学生が各自の判断で各々避難したことにより生存したこと）。ともかく、大きな災害が起こった際には再発を防ぐために何でもしようというのは当然の考え方で、音楽もそこに加わった。

岩手県は翌一九三四年に「大津浪記念歌」として《復興の歌》《慰霊の歌》を選定している【図6】。この二曲が掲載されている『岩手県昭和震災誌』（岩手県、一九三四）には、震災の一周年を記念して各地でサイレンや梵鐘を鳴らすとともに、船越町の小学校では同曲が歌われたことが記録されており、また目時和哉「石に刻まれた明治29年・昭和8年の三陸沖地震津波」（『岩手県立博物館研究報告』第三〇号、二〇一三）によれば、この歌詞は多くの記念碑に刻まれ、また「年代の下限こそ判然としない」としつつも、毎年三月三日に記念碑の前で同曲を歌う教育が行われていたと述べている。この《復興の歌》は典型的な唱歌・校歌スタイルの明朗な曲調で、おそらくそのような場で歌われたのはこちらであろう。一方の《慰霊の歌》はゆっくりとした短調の作風である。悲痛な感情がこもってはいるが斉唱は難しそうであり、式典等で歌われたかは不明である。

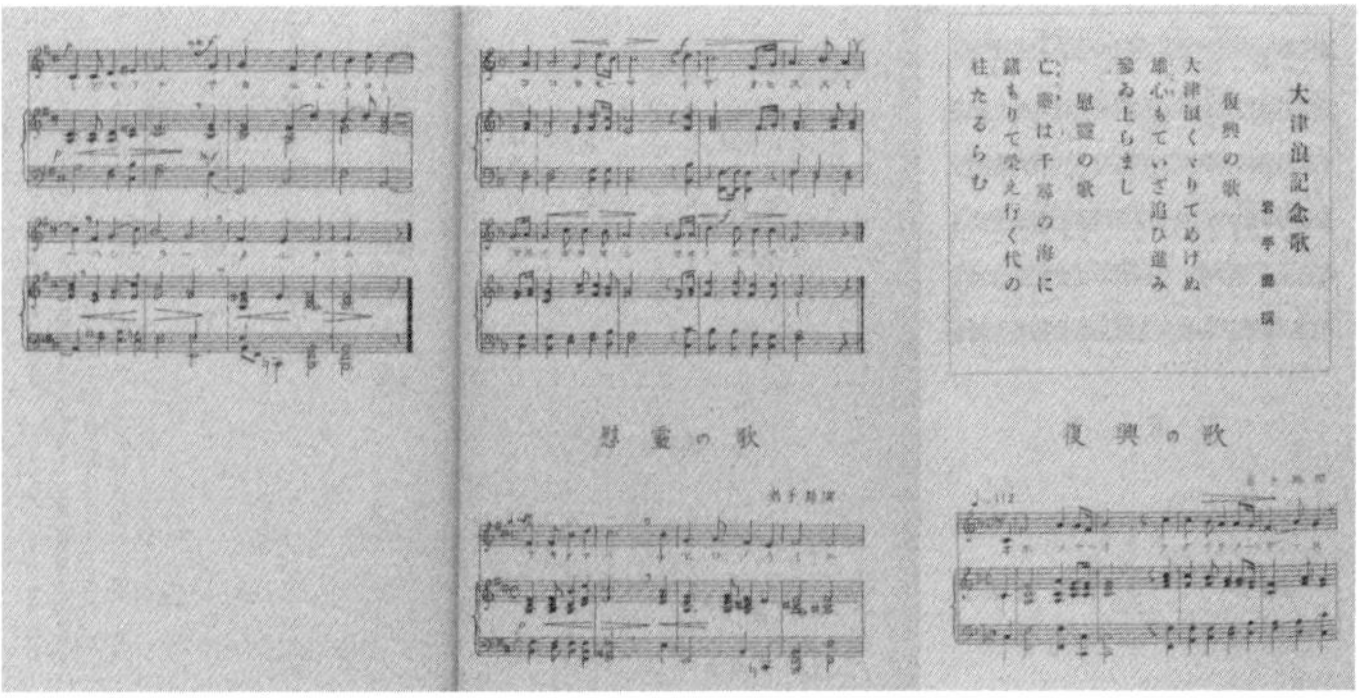

【図6】「大津波記念歌」として掲載された《復興の歌》と《慰霊の歌》（『岩手県昭和震災誌』岩手県、1934）

既に述べた通り、一般的には一九三三年は日本が不況から脱した年と言われているが、ここまで見てきて分かるように、そこから取り残されていたのが農村であった。フィクションではあるが、有名な横溝正史『悪魔の手毬唄』（一九五七－一九五九）も、一九三四年を舞台に、当時の不況が農村に及ぼした影響を背景にしている（拙著「日本毛毬唄雑考―横溝正史『悪魔の手毬唄』をめぐって」『〈裏〉日本音楽史―異形の近代』春秋社、二〇一五）。都会が新民謡を楽しみ、また『美しい村』にはかない理想郷を見出していた時、現実の田舎はこのような苦境にあったのである。

この田舎と都会の差は、時に暴発を引き起こした。一九三二年に起こった五・一五事件の民間側の参加者の一人、橘孝三郎は茨城の農本主義者であり、一九三二年に三万人超の署名を集めた「農民救済請願書」に関わっていた。橘は彼の私塾である愛郷塾の塾生らによって「農民決死隊」をつくり、このクーデターに参加した。彼が一九三三年の一連の公判で訴えた自説は新聞等で大きく報道されている。

都市の頽廃に比して農村のそれがいかに健全であるかを説いて「これこそ日本の国民道徳の基本だ」と喝破する、そして「世界の大勢と農村」に転じて、「世界は東洋精神によって更生する　東洋精神は大地に還る精神だ、しかもこの精神は農村を中心として成長して行く」とて「光は農村より」を力説して三時廿五分閉廷

（『読売新聞』一九三三年一〇月四日朝刊）

農村に理想を見るという点では堀や新民謡に近いのかもしれない。しかし自ら農村に暮らした彼の主張のトーンは正反対である。この一見力強い言葉は、当時の農村の苦しみの裏返しでもある。五・一五事件は世論が犯人に同情的で、減刑の陳情が各地で盛んであったことはよく知られている。一九三三年一一月八日には内務省から「所謂《いわゆる》五、一五事件を取扱ひたる演劇、講談、落語、琵琶其の他各種興行は其の社会に及ぼす影響に鑑み之を賞恤《しょうじゅつ》若は救護し又は陥害する等何《いず》れの場合たるとを問はず当分の内許可せざる様致度」として、五・一五事件をテー

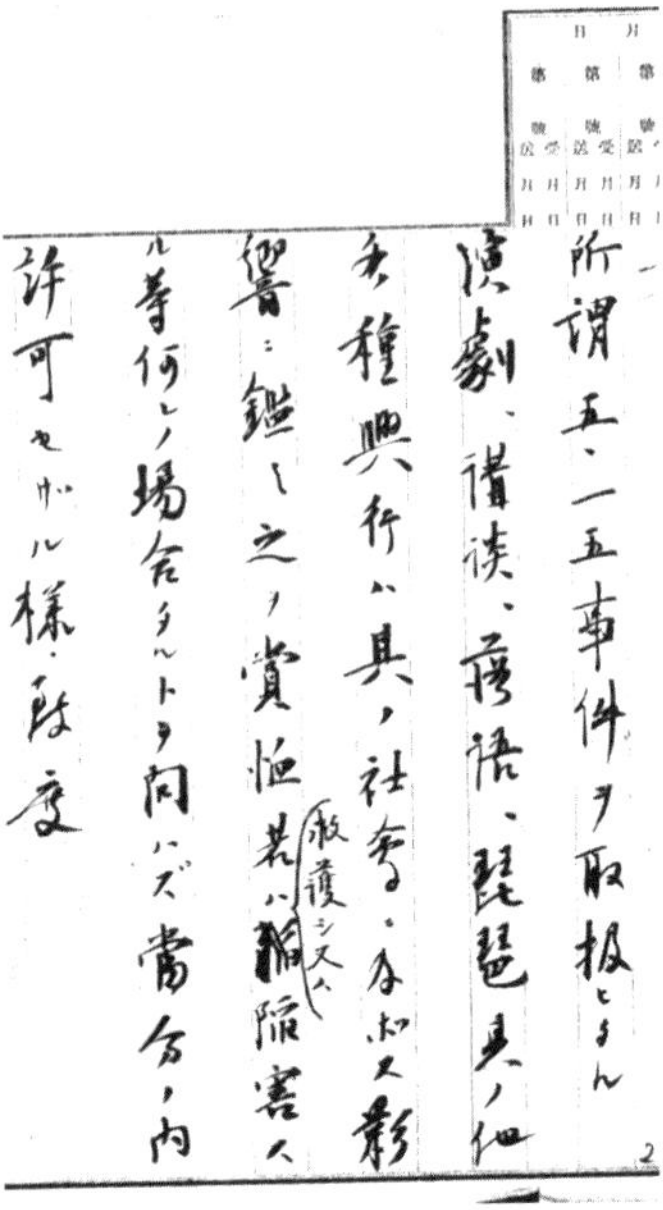

所謂五・一五事件ヲ取扱ヒタル
演劇、講談、落語、琵琶其ノ他
各種興行ハ其ノ社会ニ及ボス影
響ニ鑑ミ之ノ賞恤若ハ
ル等何レノ場合タルトヲ問ハズ當分ノ内
許可セザル様致度

【図7】「歌舞音曲停止に関する件」1933年11月8日、内務省（アジア歴史資料センター）

マにした芸能を禁止する通達が出ている（読みやすさを考慮して原文の片仮名を平仮名にし、適宜ルビを付した）【図7】。この通達はしかし、このような芸能が人々から強く求められていたことの裏返しでもある。

この事件への同情の背景には、ただのナショナリズムの高まりだけではない、農村と都市の格差への不満や、それを強く知らしめることへの共感があるのだろう。五・一五事件立案者の海軍軍人古賀清志は「苦しんでいる農民がやむにやまれず蜂起したという態勢が必要だった」と述べ、この共感を利用して計画を進めたことが分かる（堀真清『西田税と日本ファシズム運動』岩波書店、二〇〇七）。

とはいえ、農村問題への対処が行われていないわけではない。いわゆる農村の更生・改良自体は既に以前から唱えられていたし、音楽隊等を通じてそれを達成しようという動きは少なからずあった。渡辺裕『サウンドとメディアの文化資源学——境界線上の音楽』（春秋社、二〇一三）は、大正期から昭和初期の農村文化の「改良」における音楽の役割を紹介している。三〇年代になって農村が直面した不況と飢饉（と災害）は、ここに加えて精神面での「更生」を強く訴えるようになる。

一九三二年、農林省に経済更生部が置かれ、さらに一九三四年には農村更生協会が誕生する。農業を営む人々に、簿記や農政上の知識を教えることで、自立を促そうという動きであるが、当時目指されたのは「自力更生」であり、政府の現実的な支援はかならずしも十分でなかった。そしてこの経済上の課題は、同時に生活や倫理上の問題でもあった。先に引用した山下文男はこの自力更生を「精神運動」と表現し、その頃から明治以来修身の手本となってきた二宮金次郎が像となって小学校に立ち始めたことを回想して、その精神的・観念的な性格を指摘している。

また、一九三三年に出された政府の農村対策のスローガンは、

農民精神の作興
農村協同組織の徹底
農家負担の軽減
重要肥料の統制

蚕糸対策

（『読売新聞』一九三三年一一月二三日朝刊）

の五つで、「農民精神」が冒頭に掲げられている。この「農民精神」は、

国家の堅実なる発達を図るため農民精神を作興し協力一致の精神を基調としつつ且つ農業技術および経営の改良進歩を図り農村更生を期することを緊要とす、学校教育の改革は最も重要なる問題なるが尚農村の実情に即したる方針の下に農村中堅人物の養成に重点をおき更に現行の農村更生計画の促進と併せて一般の農村社会教化運動と協力すると共に農村産業団体における優秀な指導者の配置普及、農村中堅人物の実習的訓練並びに模範団体および人物表彰の道を図ること。

（同）

と説明され、具体的な政策と精神とが結びつけられている。

もっとも、この風潮には当時から批判もあったようである。東洋経済新報社編『日本経済年報 昭和八年第一四半期』（一九三三）には、一般化できるかは分からないと前置きをしつつ島

根県の農会技師の「教化運動へ逃避する自力更生運動」という意見を載せている。そこでは農村の自力更生運動が精神的な教化にのみ偏っていると批判され、その原因として「経済更生と云ふことの本質的認識が足らぬから」「農村窮乏の由来する所が判明して居らぬから」「農村経済更生運動の当局にどうにもならぬと云ふ絶望が漲つて居るから」の三つを挙げている。

このような中で、音楽や芸能による農村更生の提案もなされる。一九三三年に出版された渡辺信治『有用の教育』（宝文館）には「農村文化と音楽」という章が設けられている。

そこでは、一九二〇年代から「農村国家」としてしばしば日本の農村の範とされてきたデンマークを引き合いに出して、当地の「協働精神は、何によつて養成せられたかといへば、まさしく音楽が重大な力である」と述べ、日本にもそのような音楽文化を根付かせることが主張される。そしてその音楽は「感激」「地味」「愛国」「道徳的」であるべきだと続ける（同頁）。だが、最後に「音楽は農村文化建設の上には欠くべからざるもの」と述べてはいるものの、具体的な作品やジャンルは提示されていない。あくまでも精神的・観念的な努力目標に留まるものである。

また上田久七『村落劇場』（学而書院、一九三四）では、先の政府のスローガン「農民精神の作興」を受けて、それを涵養するものとして演劇を推奨している。この書籍で上田は次のように述べる。

彼等〔農村の人々〕は持つて生れた才能から与へられるべき人生の喜びを享受する代りに、千人一様に暗い顔をして鍬を振つてばかりゐられるであらうか。或は農村ニヒリストとして村境の居酒屋を流してあるく男になつて行くかも知れないし、一層のことゝ村を棄て々都会に憧れ、逆に都会の失業者群となつて行くであらうし、或は極端なる思想を懐いて世を呪ひ身を滅す者があるのは、畢竟、自己表現の天地を農村に見出しえないからなのである。

直接それを訴えるものではないが、ここにもやはり田舎と都会の対比が看て取れる。なお、同書には複数の実践例が載っており、音楽の場合と比して少なからぬ成果を見たようである。

さらに上田は四年後にも『都市と農村の娯楽教育』（太白書房、一九三八）を出し、先の『村落劇場』が演劇に特化していたのに対して、ここでは音楽も取り上げている。彼はここで、やはりデンマークを手本として農村の家庭に音楽を持ち込むことで結束を高めようという主張を行っている。ここでは邦楽・洋楽を問わず、あらゆるジャンルの音楽を含めて推奨しており、音楽の内実よりは、音楽を通して結びつこうというコンセプトが優先されていることが分かる。

これらの諸々の提案は、いかに当時の日本が農村を文化的に劣ったものとして見ていたかを示している。言うまでもなく、窮状を救うための行動も教育も重要である。ここに挙げた例は、めいめいが切実さをもって提案しているものであることは疑いようがない。だが、それらが「精神」のような観念的なものに偏っていたのも事実である。ここまで見てきたように、その精神偏重に音楽も多く貢献したのである。

4　繰り返される田舎と都市の対立

一九三三年の日本は現実の田舎の状況とはまったく別の文脈で、田舎に都会の願望や理想を投影していた。

とはいえこれは当時に限られたことではない。明治期にも幸田露伴が「詩人及び小説家等は、やゝもすれば都府を罪悪の巣窟の如く見做し、村落を天国の実現の如く謳歌す」（幸田露伴『一国の首都』一八九九）と書いているし、さらにずっと遡って、世阿弥『風姿花伝』（一四〇〇頃）には、

田夫《でんぶ》・野人《やじん》の事に至《いた》りては、さのみに細《こまか》に卑《いや》しげなる態をば似すべからず。仮令《けりやう》、

樵夫《きこり》・草刈・炭焼・汐汲などの、風情にも成《なり》つべき態をば、細《こまか》にも似すべきか。それより猶卑《いや》しからん下職業をば、さのみには似すまじきなり。これ、上方《じやうはう》の御目《め》に見ゆべからず。若見えば、あまりに卑しくて、面白き所あるべからず。

とある。つまり、風情のある田舎仕事（樵夫・草刈・炭焼・汐汲）は細かく演じても良いが、それより下品な田舎仕事・野良仕事は高貴な人に見せてはいけない、もし見せればあまりに品がないので趣がない、というのである。既にこの頃から、好ましい田舎情緒と、野卑な田舎という二つのイメージがあり、それが芸術にふさわしいかどうかで区別されていたことが分かる。

中世史研究の脇田晴子は、能について、民衆の間で育まれた芸能としてではなく、観阿弥・世阿弥によって天皇・貴族を意識したところに成立したものである点を強調し、「貴族文化との融合のなかに、芸術性を昇華させるという方向を取ったために、貴族文化と対抗し、独自のものを築いて自律するという芽を失っていった」（『天皇と中世文化』吉川弘文館、二〇〇三）と指摘している。もっとも、当時の芸能に、近代以降主流となったような、真実に近ければ近い程価値があるという考え方などはないだろうが、この引用にある「上方の御目」は、脇田の指摘通り、価値の基準が貴族にあったことを示している。ここまで見てきた都市と田舎の構図である。

現代でも、映画やテレビ等で長閑で素朴な農村風景が演出される一方、地方におけるヤンキー文化やショッピングセンター依存が揶揄されたりもする。

このような、おそらくは時代や場所を問わず生じる田舎と都市をめぐる問題が、当時の日本という状況においては、堀辰雄が、新民謡が、そして農村の苦境とそれへの対策とが示したように様々なかたちをとりつつ、しかし精神性の重視という同じ結論へと到達する。ここには、飢饉や津波のような、偶然起こった出来事も影響している。しかし第1章でも見たように、極端な出来事が起こった時にこそ、しばしばその本質が露出するものである。これらの音楽による田舎へのまなざしは、確かに一九三三年という年を反映している。

第3章

三原山に見る近代

自殺ブームと音楽

一　異世界としての伊豆大島

磯の鵜の鳥ゃ日暮れにゃ帰る／波浮の港にゃ夕焼け小焼け／明日の日和はヤレホンニサなぎるやら
船もせかれりゃ出船の仕度／島の娘たちゃ御神火暮らし／なじょな心でヤレホンニサいるのやら

一九二三年に伊豆大島を題材に作られてヒットした中山晋平作曲・野口雨情作詩の新民謡《波浮の港》の歌詞である【図８】。ここで歌われるのは世間ずれしていないナイーヴな少女の感情と島の風景である。しばしば指摘されることだが、感情はともかくとして、この歌詞で歌われる伊豆大島の風景は実は正確なものではない。というのは雨情自身、現地を訪れることなく、想像

【図８】中山晋平作曲・野口雨情作詩《波浮の港》（山野楽器店、1929）表紙

のみでこの詩を書いているからで、しかしそれもまた漠然とした大島の、何となくエキゾチックなイメージを助長しているのであろう。既に前章で見たように、新民謡というのはそのようなジャンルである。

この、どこか鄙びた伊豆大島のイメージはしばらく続くこととなる。

たとえば一九三二年の新聞では、伊豆大島が「椿燃ゆる洋上の楽土」と表現されている【図9】【図10】。記事本文で「わたしゃ大島御神火そだち」という民謡《大島節》の歌詞と共に紹介されるのは、頭に桶を載せて笑顔を見せる「アンコ」（大島の若い女性のこと）の写真、江戸時代に大島に流された朝鮮人キリシタンの少女「オタ」の伝説、ロバやラクダの写真、そして噴火口の「御神火」の様子――紙面はエキゾチックなイメージで埋められている。そしてこの新聞では読者プレゼントとして三〇〇〇名を伊豆大島へ招待する企画を立てている。同時代の東京の都市文化の発展ぶりから見ると、伊豆大島は旅へと誘う牧歌的な異世界であったろう。

２　モダンビルヂングと飛び降り自殺

さて、そんな木訥《ぼくとつ》とした伊豆大島に対して、同時代の東京は、エロ・グロの最盛期である。一九二〇年代末からの不況を引きずってはいるが、映画『東京行進曲』（一九二九）の冒頭字幕で

夕刊

讀賣新聞

常春の伊豆大島風物

椿燃ゆる洋上の樂土

伊豆大島風景

聖火山莊に聽く山の傳説

モ・ボ嫌ひのお俊ちやん

風光絶佳の伊豆大島へ

三千名招待

十一府縣の讀者に抽籤で

讀賣新聞社

【図9、10】『読売新聞』1932年1月11日夕刊

「東京――日本の文化と教育と芸術とそれから罪悪と惰落との集中してゐる東洋第一の近代都市」と紹介されるように、それだけいっそう逃避としての娯楽が爛熟したとも言える。

磯田光一『思想としての東京――近代文学史論ノート』（国文社、一九七八）は、この映画のタイアップ曲である中山晋平作曲・西條八十作詩《東京行進曲》の歌詞を分析しつつ、関東大震災以降、東京が変容していく中で、丸ビルのような新しいビル建築が東京の新名物としての認識を獲得していく過程を論じている。

かつて夢野久作が「鉄筋コンクリートの悲哀」と評したこの新しい東京の高層ビル群は、同時代の人々には、明治の文明開化時の煉瓦造りの建築とは大きく異なった、まさにモダンな都市の象徴として映ったのである（夢野久作『街頭から見た新東京の裏面』一九二四）。

そして一九二〇年代から一九三二年まで――本書で我々が着目する年の一年前――まで、そのビルに付き物だったのは飛び降り自殺であった。

怪談を収集・紹介している小池壮彦は「高層建築に纏わる自殺と怪談を追う」（『日本怪奇幻想紀行　六之巻奇っ怪建築見聞』同朋舎、二〇〇一）という文章の中で、当時のビル、特に銀座の百貨店からの相次いだ飛び降り自殺を紹介している。おもな舞台となったのは関東大震災の二年後の一九二五年に銀座にオープンした松屋本店である。

小池はこのようなビルからの飛び降り自殺について、明治以降自殺の名所となっていた華厳の滝では飽き足らない「どうせ死ぬなら新たな名所の開拓を目指すべきだろうと意欲を燃やす自殺志願者たち」が背景にあり、彼らは「いかに平凡でなく奇抜に死ぬか」を目指していたのだと説明している。その奇抜さは、単に死に方が変わっているというだけではなく、都会で多数の目撃者がいたり、もしくは新聞で全国に報じられたりと、世間で共有される「物語」としての奇抜さである。

小池は同書において、日本で都会のビルからの飛び降り自殺が話題になった最初期の例として、一九二五年にピアニストの久野久がオーストリアのホテルから投身自殺をしたことを挙げている。確かに、高いビルから飛び降りて死ぬということのイメージを最初に広めたのが女性ピアニストであり、またその舞台がヨーロッパであったことは、大衆の関心を引くには十分であったろうし、ただ自分で命を絶っただけということ以上の物語性を帯びたであろうことは容易に想像できる。

奇しくも、発禁になった武内真澄『実話ビルディング——猟奇近代相』（宗孝社）という一九三三年出版の実話物は、いくつかの有名人スキャンダルをビルの階数になぞらえて紹介していくというもので、同時代のエロ・グロ趣味と都市文化のいかがわしさを十分に伝えるものであるが、そこにも久野久の、しかし自殺ではなく、ヨーロッパでの奇行のエピソードが載っている。

小池は断言をしていないが、久野の自殺と同年に丸の内にある郵船ビルから投身自殺があり、それをビルでの自殺が連続する一つのきっかけではないかとしている。そして「毎月のように百貨店からの投身自殺者があらわれるという状況は、昭和七年（一九三二年）まで続いた」（同）のだという。ちなみに小池は「この時代の自殺法の傾向を見ると、恋に破れた場合には投身自殺を選び、生活苦の場合は首吊りか、もしくは鉄路に横たわるという大まかな傾向が見てとれる」（同）と分析している。もっとも、実際には服毒など他の方法による自殺も多く、この小池の指摘は、数というよりはそれらが目立っていたということだろう。

また、一九三二年にはビルからの飛び降りとは毛色の違う自殺も話題を呼んでいる。五月に起こった、いわゆる坂田山心中事件である。若い男女が神奈川県大磯で服毒心中をしたもので（その後女性の遺体が盗まれるという事件も続き、さらに話題を呼んだ）、同年に五所平之助監督による映画『天国に結ぶ恋』として映像化されている。この事件は、新聞報道の時点から事件現場の本来の地名である「八郎山」を悲恋のイメージに合わせるべく「坂田山」と勝手に変更するなど、事件を美しい物語として消費しようという意図が見られるものである。そしてこの心中は多くの模倣者を生んだ。

心中がロマンティックな物語となるのは、歌舞伎や文楽等の心中物の数々を見ても分かるように、江戸時代以前からあった。洋の東西を問わず、と言ってもいいだろう。しかしそれらはおもに都市で起こった心中物語を都市に暮らす人々が観る／読む、という構図であった。近代のメディアはその構図を一気に広げていく。

この心中自体は大磯で行われたものである。しかし、都市の外で起こったこの心中を、映画や流行歌といった近代的な装置は、日本各地に少ない時間差で伝えていく。たとえば、サウンド版（台詞等はサイレントだが、一部の音楽のみ音声が流れる映画）であった『天国に結ぶ恋』の上映中に流れる林純平作曲・柳水巴（西條八十）作詩の同名の主題歌を聴きながら心中をはかる人々が出てきたことが問題となったという証言がある（東京12チャンネル報道部編『証言私の昭和史1』學藝書林、一九六九）。

さらに、メディアによって広まれば広まるほど、当初の物語の意図が変形していくこともある。前述の『実話ビルディング——猟奇近代相』の冒頭には、この坂田山心中事件が収められており、その扉には「地下室　近世有名情痴秘話」と書かれ、「ハイ、地下室でございます。エロもグロもインチキもお好み次第、いろ〱の流行情痴実話が取り揃へてございます」という言葉が添えられている。この事件が無垢な男女の美しい心中物語ではなく、都会的な「エロ・グロ」の文脈に乗って扇情的な扱いを受けていたことがよく分かる例である。どのような話題でも下世話に捉えようという力は強いものである。

３　三原山自殺ブーム

しかし一年後の一九三三年、一件の自殺がこの流れを変えることとなる。その自殺はビルからのものではなかった。冒頭の伊豆大島、三原山の火口へと飛び込んだのである。これまでの、自殺に派手な物語性を求める動きの中で、「御神火」に飛び込んで死ぬという新たな方法が選択肢に加わったのである。

一九三三年一月九日、実践女学校の学生二人が三原山の火口へとやってきた。名前は眞許三枝子と冨田昌子という。眞許は冨田に自殺の意志を伝え、三原山の道案内を頼んでいた。火口まで来ると、眞許は冨田に帰るよう促した。冨田が帰らないでいると、眞許はそのまま身を投げたのである。若い女性が火口に飛び込んで自殺をするというのは、それだけでもショッキングな出来事ではあるが、この時点では一つの事件以上のものではなかった。

この事件が大きくなったのは一カ月後の二月一二日、再び火口への投身自殺が起こった時である。自殺をしたのは松本貴代子という、やはり実践女学校の学生であった。そして彼女を火口まで導いたのが、一度目と同じ冨田だったのである。

まるで死を導いたかのようなこの二度の冨田の案内は、スキャンダラスな事件として大きく取り上げられることになる。そもそも初報の時点で「美人二人」(『東京朝日新聞』一九三三年二月一四日)と表現されるなど、「若い女性」ということろが強調されていたわけだが、後にこれが連続したものであることが明らかになると、様々な憶測が飛び交うこととなる。この三原山と自殺に関しては、ツーリズム研究の今防人《こんさきもり》が「観光地と自殺——昭和八年、伊豆大島・三原山における投身自殺の流行を中心に」(『流通問題研究』二三号、一九九四)で、同時代の報道を中心に、かなり詳しく論じている。同論文で今防人は、当時の報道の流れとして、

新聞は「同性心中」から「死の案内」へ関心の焦点を移そうとした。また移すことにより、親・家族の責任、本人の「異常性」や弱さにアクセントを置こうとした。しかし、このような変更もすでには《ママ》高まっていた自殺・心中ブームを増幅させる効果の方が大きかったと考えられる。

と分析している。これは当初二人の同性愛的な関係をほのめかすような報道を受けてのことである。

申河慶は、同じ一九三三年を舞台にした夢野久作の小説『少女地獄』を取り上げて、同作は直接三原山を扱っているわけではないが、同性愛、自殺、奇妙な行動をとる人物が「アカ」だ

と疑われる、東京と地方の格差など、当時の状況が反映されていると指摘し、作中で焼身自殺をした女性の手紙に「黒焼流行の折柄」と書かれているのは、三原山火口への投身自殺を指しているのであろうと指摘している（「『転向』と『モダンガール』の終息――夢野久作『少女地獄』論」『日本語と日本文学』筑波大学国語国文学会、二〇〇七）。一般向けの娯楽小説に登場するまでに世間にこの話題が広まっていたことが分かる例である。

小説家で早稲田大学教授であった吉田絃二郎も同一九三三年の『婦人公論』四月号に、この自殺に題材をとった「熔岩の徑」という短編を載せている。同誌の新聞広告では「単なる面白がらせの小説では絶対にありません。悲しみの少女達に「生きることの喜び」を囁く小説です」（『大阪朝日新聞』一九三三年三月一九日夕刊）と紹介されている。エロ・グロとして消費されることを牽制したのだろう。

さて、「死の案内人」とまで報道された冨田は同年四月に病気で亡くなる。それもまたこの事件の謎めいた印象に拍車をかけた。三原山は若い女性が、ミステリアスな、しかし美しい自殺を行った場所として名が知られるようになる。自殺者が文字通り殺到するのである。

報道では、件の女学生自殺から一週間も経たない同年二月一八日に、東京で事故を起こした無免許タクシー運転手が火口に飛び込んで自殺未遂を起こしている。

さらに二四日には横浜の男女がやはり火口を目指して心中未遂。二四日には逓信部の職員が、二五日には神田で下宿を営む男が、自殺未遂を起こしている。翌二六日には浦和高校の生徒が火口見物人たちの間から飛び込み自殺をして、実践女子大の女学生の自殺に触発されたのだろうと言われた。さらに同日、女性一人、男性二人の三名での自殺未遂も起こっている。また、二八日にも男性が二人別々に火口に飛び込んで自殺をしている。

発端となった自殺が起こった二月の後半の二週間弱だけでもこの数である。この一人一人にそれぞれ切実な理由があるはずで、単なる数字だけでは分からないものもあることは当然だが、それでもこの頻度は異常だと言って良いだろう。火口というのはしばしば人目のなくなる特殊な場所ゆえに正確な人数を把握するのは難しいが、三月以降さらにこの頻度は増加し、小林修『年表――昭和の事件・事故史』(東方出版、一九八九)には「この年、未遂も含め男八〇四人、女一四〇人」が自殺をはかったと書かれている。このように相次ぐ自殺志願者を指して、俗に「三原病患者」というような表現も生まれた。

4　観光化する自殺の聖地

もっとも、一月の実践女学校生徒の自殺は、最初のものではなかった。長い歴史の中では火口に飛び込んで亡くなった人は少なからずいただろうが、新聞によると一九三〇年一月一三日にある男性が「火口の沙漠に遺書を書いてステツキに洋服をかけて飛込んだのが最初の自殺者で当時島民は御神火を汚したといふので神官をよんでお祓い式をやつたもの」（『読売新聞』一九三三年五月二五日夕刊）であるという。しかし一九三三年の自殺ブームではそのようなお祓いをしたとの報道は行われていない。おそらく数が多くて対応しきれなかったものと考えられる。すなわちブームによって、踏み込んではいけない、汚してはいけない「聖域」であった火口が、むしろ積極的に人々が訪れる自殺の「聖地」となっていったのである。

怪談関連の新聞記事を網羅的に集めた湯本豪一による巨大な『昭和戦前期怪異妖怪記事資料集成(上)』（国書刊行会、二〇一六）に、当時の『二六新報』（一九三三年八月二三日～二六日）に載った「島娘は嘆く」という怪談が採録されている。三原山を取材に来た記者が霊現象を経験しつつ、その中で当地の老人から娘をやろうと言われる、という話で、実はその老人は狸であったというオチである。その理由はと言えば、三原山で自殺する人間が多くなり、そのため人間の霊が増えすぎて、狸の霊界を脅かしている、だから人間の婿をとって対抗しようとしたのだった、というものである。埋め草的なフィクションではあるが、犯すべからざる場に殺到する人間、という構図を上手く表した怪談だと言えるだろう。

三原山は、その火が御神火と呼ばれることからも分かるように、神聖視されてきた。火口には三原神社が置かれている。面白いのは、冒頭で引用した一九三二年の伊豆大島への読者招待記事の中でその三原神社や女人禁制を破った時の噴火の様子を紹介しているのが、御神火茶屋という店の主人で、彼は「熊の毛皮を着た老使徒」と表現されていることである。つまり彼はキリスト教徒なのである。もっとも、彼は同記事では「今は文明開化の世だからそんなことはない」と述べて三原山の神秘的な出来事を否定してはいるが。

この御神火茶屋の主人については、榎澤幸広「伊豆大島独立構想と1946年暫定憲法」（『名古屋学院大学論集――社会科学篇』第四九巻第四号、二〇一三）に、郷土資料を基にした情報が載っている。この論文によると、彼は高木久太郎なる人物で、具体的な記述は少ないものの、東京、シベリア、大阪に住み、酒や女性関係で相当な苦難を味わったようである。自殺をしようとしたところでキリスト教に目覚め、内村鑑三の弟子の無教会派として当地で布教を行なっていた。それゆえに自殺ブームの際には救世軍と共に「一寸待て。もう一度考え直せ」という立て札を立て、また自殺志願者の説得も行っていたという。社会問題についても関心が強く、第二次世界大戦後に起こった伊豆大島独立構想にも関わっている（もっとも、この独立運動は規模の小さい運動で、大きな影響力をもたないまま終息している）。戦前から大島の貧困や本土の都市部との経済格差と戦おうとしていたようで、一九三三年の自殺ブームについても当時「若しも之の火口の飛び込みが、華族様や、重役様や、政党屋さんのお子供様達と仮定したら。如何なるダンベ。」（榎澤論文から引用）という文章を大島の『島の新聞』に載せている。

なお高木と共に同運動を行っていた共産党員の雨宮政次郎という人物は、自殺ブームの最中の一九三三年一一月に治安維持法によって検挙され築地署に連行されている。この年の二月二〇日に小林多喜二が殺された場所である。

都会と地方の貧富の差が激しいのは時代・国を問わず見られることだが、この御神火茶屋主人である高木や雨宮の活動に見られるように、当時の伊豆大島も例外ではなかった。

今日も大島土産の定番である木彫りのあんこ人形も、画家の山本鼎《かなえ》（一八八二―一九四六）が唱えた農民美術運動の一環で、貧しい農民の新たな収入源として同地に導入されたものであり、戦前の農村改良運動の一つと言えるものである（あんこ人形の歴史については「伊豆大島喫茶藤井工房」のウェブサイト〈http://fujii-koubou.com/index.html〉が詳しい）。

このような大島の状況が、この自殺ブームによって、根本的に改善するはずはない。

しかし、観光地としてのプレゼンスは一九三三年以降、大幅に向上したのである。

現在では、たとえば青木ヶ原の樹海が自殺の名所だからといって、そこが観光名所になるということはないが（数年前から海外の一部音楽シーンでAokigaharaという言葉がネガティヴなイメージの演出のために用いられるということは起こっているようだが、これは観光名所云々とは別の話であろう）、三原山の場合はこの自殺ブームと同時に旅行先としても注目された。この、自殺ブーム以降の観光客増加について、坂口安吾が次のような文章を残している。

光栄ある〔自殺の〕先鞭をつけた何人だかの女学生は、三原山自殺の始祖として、ほとんど神様に祭りあげられていた。後につゞく自殺者の群によってではなく、地元の島民によってである。何合目かの茶店の前には、始祖御休憩の地というような大きな記念碑が立っていたのである。

大島は地下水のないところだから、畑もなく、島民はもっぱら化け物のような芋を食い、栄養補給にはアシタッパ（又は、アスッパ）という雑草を食い、牛乳をのんでいた。アシタッパという雑草は、今日芽がでると明日は葉ッパが生じるという意味の名で、それぐらい精分が強いという。大島の牛はそれを食っているから牛乳が濃くてうまいという島民の自慢だ。

三原山が自殺者のメッカになるまで、物産のない島民は米を食うこともできなかった。自殺者と、それをめぐる観光客の殺到によって、島民はうるおい、米も食えるし、内地なみに暮せるようになったという。

だから彼らが始祖の女学生を神様に祭りあげるのは、ムリがない。醇乎《じゆんこ》たる感謝の一念である。おまけに、火口自殺というものは、棺桶代も、火葬の面倒もいらない。火口ではオペラグラスの賃貸料がもうかる始末で、後始末の方は全然手間賃もいらないのである。

（「湯の町エレジー」一九五〇）

いかにも坂口安吾らしい文体で、皮肉や誇張も含まれていようが、この自殺ブームが起こった一九三三年から、冒頭に示した記事のように積極的に観光客を誘っていた一九三二年とは比較にならないほどに、大島が観光地として人気を集めるようになったことは確かである。

後に大島に歌碑が立つ佐々木俊一作曲・長田《ながた》幹彦《みきひこ》作詞の《島の娘》は、今では先に述べた《波浮の港》と並んで当地を代表する曲となっている。この曲は一九三二年に小唄勝太郎の歌唱で発表されると大ヒットとなり、その歌い出しから「ハア小唄」と呼ばれて新民謡の定型の一つとなったものである（第2章で扱った一九三三年の大ヒット《東京音頭》も小唄勝太郎の歌唱で「ハア～」と歌い出される）。歌詞は次のようなものである。

ハアー島で育てば／娘十六恋ごころ／人目忍んで／主とひと夜の仇なさけ
ハアー沖は荒海／吹いた東風が別れ風／主は船乗り／今じゃ帰らぬ波の底
ハアー主は寒かろ／夜毎よごとの波まくら／雪はちらちら／泣いて夜明す磯千鳥

伊豆大島の温暖で穏やかなイメージに馴染まない「荒波」「雪はちらちら」といった歌詞が

含まれている。実はこの《島の娘》は、当初は新潟出身の小唄勝太郎に合わせて佐渡島をテーマにした作品として発表されたものであった。

作詞者の長田幹彦は自作の《島の娘》を題材に同名の短編を書いているが、それも佐渡島と本土を舞台に小唄勝太郎を主人公にした人情もので、続編の短編「月夜鳥」と共に、勝太郎の友人の家族の苦難と悲恋を描いたものである。その意味では《島の娘》の「娘」とは、勝太郎本人というよりその友人を指しているようにも読めるものである。前述の今防人による論考では、《島の娘》=佐渡島の歌であったことを推測に留めているが、歌詞やこの短編、そして以下の新聞記事から見るに、断言して良いと思う。

この佐渡島を題材にした作品の舞台を伊豆大島に変更させたのは、一九三三年の野村芳亭監督による同名映画化である。この変更については、新聞で「雪のためロケーションが出来ず、ために急に大島と変つた」(『読売新聞』一九三三年三月一九日夕刊)と説明されている。それに伴って音楽の方も伊豆大島の曲ということになったのである。とはいえ、大島でロケをしてもストーリー上は佐渡島ということにしても良かったわけで、舞台設定の変更には、同年二月の川端康成『伊豆の踊子』が『恋の花咲く 伊豆の踊子』(五所平之助監督)として映画化されたことや、本章で扱っているような大島への注目が影響しているのではないかと推測できる。

なお、この映画と同時期に《島の娘》は舞台化もされている。『近代歌舞伎年表』の一九三三年の記録には、同名の演劇・舞踊作品が複数載っている。このうちの一つ、前進座が行ったものは、船の難破によって恋人を失う若い女性を主人公として、《島の娘》を主題歌に使うことで話題となった。同舞台の新聞広告には「全篇に溢るゝモロッコイズム」と添えられ、おそらく一九三一年に日本公開されて話題となった映画『モロッコ』（ジョセフ・フォン・スタインバーグ監督）を指しての表現なのだろう、エキゾチシズムやメロドラマ性を強調して宣伝されている。後日の批評で同作は「映画もどきの大甘物」（『読売新聞』一九三三年三月八日夕刊）と否定的に書かれているが、この広告の惹句を見る限りでは、「映画もどき」という評はある意味で座の狙い通りだったと言うこともできるだろう。ちなみに、奇しくも映画『モロッコ』にも片道切符で船に乗って自ら死にに行く「自殺乗客 suicide passengers」の話が登場する。

さて、《島の娘》はそのまま伊豆大島の、いわばご当地ソングとなり、既に述べたように一九三五年には歌碑まで立っている。

大島を舞台にした映画はまだ続く。同年、映画『処女よ、さよなら』（前述の『天国に結ぶ恋』『恋の花咲く 伊豆の踊子』と同じ五所平之助監督）が公開され、主題歌として《燃える御神火》がヒットする。この曲は《島の娘》とは違って、そのタイトル通り、当初から大島を題材とした作品である。ヒットはしたが、同年七月の『キネマ週報』（第一六二号）には、映画評論家佐々木能理男による「勝太郎の人気、大島小唄の流行、それにザガンの「制服の処女」〔レオンティーネ・ザガン監督による一九三一年のドイツ映画〕の圧倒的な人気を利用して、作つて呉れとでも云はれたやうな映画である」との批判が載っており、評者は「小唄と広告のタイアップよ、呪はれてあれ！」と締めている。

流行歌や映画だけでなく、伝統邦楽にもこの自殺ブームは影響していて、小唄研究家である木村菊太郎の『昭和小唄　その一』（演劇出版社、二〇〇三）には吉田草紙庵曲・市川三升詞の《女ごころ》（一九三四）という小唄を収めている。ここでは「若けりゃいつと華厳が三原」と歌われていて、木村によるとこの部分は小唄調ではなく歌謡曲調で、「この作品は草紙庵の作曲中最も小唄離れしたモダーンな曲であった」（同）という。

珍しいものでは、アメリカのクロード・ラファム（Claude Lapham 一八九〇－一九五七）という作曲家が、音詩《三原山》（録音：日本ビクター：JB137、一九三五）という作品を書いており、やはり同地での自殺を題材にロマンティックに作品化したものである。ラファムはオペラ《サクラ》やピアノ協奏曲《日本協奏曲》等、他にも日本を題材にした作品をいくつも手掛けており、これもそのような作品の中の一つである。二〇世紀で「音詩」と言うと、複雑に込み入った管弦楽法を駆使した作品を想像するかもしれないが、ラファムはドヴォルジャークの《交響曲第九番「新世界より」》（一八九三）を短くしたような作風で（類似の音型やイングリッシュホルンのカンタービレも登場する）、そこに「和風」のヨナ抜き音階や都節音階を多用して、芸術音楽と軽音楽の中間のような娯楽音楽に仕上げている。日本では一九三五年四月にＰＣＬ管弦楽団第四回定期演奏会で初演され、翌年にはアメリカでも演奏されている。一九三六年七月一九日の『シカゴ・トリビューン』紙掲載のラファム自身の演奏会の告知記事には、

> 日本音楽の権威であり、日本音楽特有の語法に属するものを、従来の西洋音楽の求めるところに従って適応させる試みの開拓者である、クロード・ラファムは、来たる今週火曜日の夜、国際会館（International House）にて日本をテーマにした音楽を披露する。〔略〕オペラ《サクラ》からの抜粋、ピアノ協奏曲《日本協奏曲》、日本の自殺火山を題材にした音詩『三原山』〔略〕

と記されている。

このように、自殺ブームはメディアを通じて物語化され、三原山をただの自殺現場ではなく自殺の「聖地」にしていったのである。そしてそれは各々の自殺の原因へのまなざしを逸らし、抽象的な「物語」を生産・再生産したのである。映画とタイアップすることで強い波及性をもった流行歌や、あるいは壮大に情緒を刺激するオーケストラによる音詩は、その物語の担い手としての役割を十分に果たしていたのである。

5　反動としての科学

しかし、「聖地」として抽象的な物語が大きくなればなるほど、それとは逆のベクトルが働くことになる。すなわち、客観的に三原山を見よう、という視点である。

たとえば山名正太郎『自殺に関する研究』（大同館書店、一九三三）は、統計的に見て三原山の自殺はそれほど特別に増加したわけではないと主張している（国立国会図書館所蔵の同資料には読者の「自殺する人間の理由は別としてもその人達の、その寸前の清い心は買ってやるべきだ」との書き込みがある。いつ誰が書いたものかは分からないが、同時代の一般的な心情をよく表しているように感じられる書き込みである）。

自然科学的な視点も現れる。一九三三年五月二九日、『読売新聞』が中心となって、三原山の火口撮影プロジェクトが行われ、成功した。このプロジェクトの成功は「科学の人の力の勝利」（『読売新聞』一九三三年五月三一日夕刊）と宣伝される。神秘的であったり、もしくは自殺の名所として名が知られていたりと、何かと前近代的なイメージがつきまとう三原山を自然科学的な目で見ようという試みである。

同記事には、実際の火口の様子を見れば「『神秘の死』を信じて自殺病にとりつかれてゐる三原山患者も以後その跡を絶つであらう」とあり、相次ぐ自殺を防止しようとの意図も感じられる。またこの成功を受けて、三原山火口を撮影した映像を用いた映画が競作される（『三原山は笑ってる』（日活）『三原山を探る』（映音商会）。他には家庭用映写機「パテ・ベビー」用映画『三原山を曝く』も発売された。パテ・ベビーについては【図11】参照）。

純粋に科学的・学術的なだけではなく、一般の好奇心にも応えるものであったことは、このプロジェクトの成果発表の場の一つが銀座のカフェー「クロネコ」であったことからもうかがえる。

【図11】パテ・ベビーの広告（『大阪朝日新聞』1933年3月18日）

言うまでもなくここでいうカフェーとは、今日の「カフェ」とは大きく異なるもので、女性が給仕だけではなく時に卑猥なパフォーマンスを見せるような場であり、この一九三三年には「特殊喫茶」の名のもと警察の監視対象となったものである。パリの有名なキャバレー「黒猫（Chat

【図12】カフェー「クロネコ」の外観（『東京銀座商店建築写真集：評入』吉田工務所編、吉田工務所出版部、1929）

Noir)」からその名をとったであろう一九二七年開店の「クロネコ」はその中でも最も人気のあるものの一つであった。外観は、初期は【図12】の通り汽船を象《かたど》ったものであるが、何度か改装を重ねてさらに派手なものになっていく。当時の広告も「問題の女給・各地選出の／代表女給・謹んで曰く／アタシ達は人生の魔術師デス」「まア！なんと『超未来的』ぢやないこと？／又、あしたもララゐらっしやるわネ」（『読売新聞』一九三二年七月三〇日夕刊）と、扇情的な言葉が用いられている。中山晋平作曲・島村抱月／相馬御風《ぎょふう》作詞《カチューシャの唄》を思わせる「ララ」という掛け声を使っているのも面

白い。この「クロネコ」については後に太宰治も、

はたちになるやならずの頃〔太宰は一九〇九年生まれなので一九三〇年頃〕に、既に私たちの殆ど全部が、れいの階級闘争に参加し、或る者は投獄され、或る者は学校を追われ、或る者は自殺した。東京に出てみると、ネオンの森である。曰く、フネノフネ。曰く、クロネコ。曰く、美人座。何が何やら、あの頃の銀座、新宿のまあ賑い。絶望の乱舞である。遊ばなければ損だとばかりに眼つきをかえて酒をくらっている。

（太宰治「十五年間」『文化展望』一九四六年四月号）

と、当時の政治運動の熾烈さに対置するかたちで東京の消費文化の爛熟を回想し、そこに銀座の「クロネコ」を含めている。正岡容作詞・塩尻精八作曲の《銀座行進曲》（一九二八）の歌詞によると、他のカフェーと比較して「クロネコ乙女はおしゃれもの」ということらしい。一九二〇〜三〇年代のカフェーについては、学術的なものから趣味的なものまで、数多くの研究があるが、その中の一つ、寺澤ゆう「1930年代のカフェーにみる性風俗産業界――動揺の裏側にある女給の労働実態」（『立命館大学人文科学研究所紀要』一〇三号、二〇一四）では、以下のように、廃娼論の前段階として一九三三年のカフェーの取り締まりを扱っている。

1933年1月にカフェー・バー・ダンスホールなど、すべての新興風俗営業を一括して取り締まり、表の目立つ通りからすべての店舗を駆逐するという内容の法案が検討中であると報じられた。結果的には内務省による統一の具体的な規則は発令されず、全国統一的方針にとどまるが、その後も内務省内部において全国統一取締り規則が検討されているという事が新聞でたびたび報じられているように、1934年を中心に廃娼論が本格化したのである。

ここからも、カフェーのいかがわしい賑わいは想像されうるだろう。このようなカフェーで成果が発表される「科学的」な話題というものが――もちろん場所によってその成果の価値は減じられないにしても――今で言えば週刊誌やスポーツ紙、ワイドショーのニュースのような感覚で捉えられていたのではないか、とは言えそうである。つまり、科学的な内容だからといって学術界内で真面目に話されたのではなく、自殺ブームがゴシップ的に話題になるのと同じような文脈で、この「科学的な」イベントも扱われたのである。

また、これとは別に多摩川園で「三原山探検展」も開かれている。これに合わせて「大島情緒「小唄レビュー」」が開かれている（『読売新聞』一九三三年六月三日夕刊）。

6　自殺ブームという名の階級闘争

ここまで見てきたように、三原山の自殺ブームには、何か具体性をもった自殺の原因やその解決を求めるというよりは、漠然と物語としてそれを受け入れるという指向があった。そしてそれは映画や音楽という新しいメディアによって広まり、さらにその指向を煽ったのである。いわゆる「科学的な」視点も、やはりその物語化の別のヴァージョンの一つであった。当初は、作者の想像上で書かれた新民謡として、次に自殺の名所として、そして科学プロジェクトの対象として、様々な物語が生まれ、消費されていったのである。

自殺ブーム自体は翌年、そしてさらにその次の年と、火山活動が活発になるにしたがって収まっていく。もっとも、それでも少なくない数の人々が自殺を試みるのであるが。そして一九三七年から日中戦争が始まると自殺者は大きく減少する。戦争中は自殺が減り、終戦後に増加することは有名だが、その通りのことが起こったわけである。

さて、このように自殺ブームが物語化していった陰に隠れて見えにくくなっている「物語」がある。一つは自殺者本人の動機や意図である。未遂に終わった人々の声が新聞等で伝えられることもあったが、基本的には彼らは「三原病」なのだ、ということで理解された。言うまでもなく本物の病気なのではない。だが、罹患してしまえば仕方ないというような、そして具体的な原因よりも気分や精神の問題である、というようなニュアンスがある。

もう一つは、そのように後景化していく具体的な問題に取り組んだ人々の活動である。既に述べたように、火口で自殺者を止めようとしていた御神火茶屋の主人である高木久太郎や彼と繋がりの深かった雨宮政次郎は、大島の経済状態を憂いて活動を行った共産党員であった。自殺ブームは、あくまでも都市からやってきた人々が火口に飛び込み、都市で報道され、作品化され、消費されるものである。しかしその一方的なあり方に対して文化的に対抗できるほどには、伊豆大島の側は豊かではなかったのである。彼らが対峙したのはそのような現実であった。

また太宰治の文章にも「私たちの殆ど全部が、れいの階級闘争に参加し、或る者は投獄され、或る者は学校を追われ、或る者は自殺した」とあったように、自殺ブームや「エロ・グロ」流行の都市文化の一方では、都市と地方の経済的・文化的格差がつきまとっている。

これらの声が次第に薄れ、抽象的な物語の力が増していく——これまでの章でも見た、精神論が重視されていく時代のあり様がここに現れている。自殺ブームの伊豆大島・三原山は、まさに当時の日本の縮図だったのである。

＊本章中のクロード・ラファム《三原山》については、関西ＳＰレコード愛好会の中西久幸氏にＳＰ盤を聞かせて頂いた。ここに記して感謝を申しあげる。

第4章

音楽家たちの階級闘争

政治と脱政治のあいだで

1　労働者としての音楽家

新内《しんない》と呼ばれる伝統音楽のジャンルがある。一八世紀に豊後節系浄瑠璃の一つとして江戸で誕生した、三味線の伴奏で物語を語る「語り物」で、同時期のおもだった語り物のほとんどが劇場の芸であった中、遊里での流しやお座敷で発展してきたジャンルである。その小さな演奏の場を反映して、裏声を用いた繊細な声で節を多く回すのを特徴とする。

この新内の、二〇世紀における代表的な語り手が岡本文弥である。一八九五年に生まれ、一九九六年まで生きた彼は、古典の上演はもちろんのこと、校訂や闊達なエッセイ等でも知られた。本人曰く、本物の遊郭を知る最後の新内語りである（NHK『至芸の時――岡本文弥』一九九三年八月二六日放送）。これまでの章にも登場した一九三〇年代の都市のエロ・グロ文化が、それが片仮名で書かれることから分かるように西洋的な傾向をもっていたのに対し、新内は近世との連続性をもった、文弥曰く「卑賤美」「頽廃美」（『文弥芸談』同成社、一九六三）の芸能である。

さて、近世以来の古典的な演目を重視する伝統音楽としては珍しく、文弥は自作自演を活発に行っている。が、その内容は少し変わっている。彼はエーリヒ・マリア・レマルク『西部戦線異状なし』（一九二九）、徳永直『太陽のない街』（同）といった小説を新内にして演じたのである。もっとも、これらは小説から直接新内化したのではなく、どれも一九二〇年代後半から三〇年頃にかけて左翼劇場や新築地劇団といった築地小劇場で活動していた左翼系劇団による演劇版を踏まえている。文弥自身、彼らとしばしば共演を行っていた。そこから分かるように、これらの新作新内は当時の労働運動に呼応して演じられたものである。岡本文弥の新内は、それゆえ「赤い新内」と呼ばれて、戦後もその姿勢を保ち続けていた——と言われる。

しかし一九三三年二月、新聞に次のような記事が載る。

赤い新内から文弥転向

岡本文弥が左翼運動は新内からとプロ〔プロレタリア〕新内を樹立してから既に四年になるがＪＯＡＫでは爾来文弥を危険視し新内放送メンバア《ママ》ーから抹殺してマイクから勘当してゐたところが最近文弥が右翼へ転向したのでＡＫでも漸く勘当を許し、早速廿六日夜「道中膝栗毛」（赤坂並木の段）を四年振りで放送させることゝなつた、文弥のプロ新内で知られてゐるものは「磔刑茂左衛門」「西部戦線異状無し」「太陽の無い街」「何が彼の女をさうさせたか」等々であつたがそれを一切清算してもとの岡本文弥に帰つたとは芸術的に惜いやうな気もする

—
（『読売新聞』一九三三年二月二三日朝刊）

小林多喜二が殺された三日後の記事だと知って読めば、この記事の重みが変わってくるかもしれない。実のところ、この記事以外に文弥の「転向」を伝えるものがないために、どの程度信憑性があるのかは分からない。しかし、岡本文弥自身はこの頃の「赤い新内」について、「語るよりも怒鳴るということでさんざん声を痛め芸を荒らし」たため、その後しばらくは政治的な語り物からは離れて、「唐人お吉」や「滝の白糸」等、新派劇風の作品に取り組むようになっている（『文弥芸談』）。それからはさらに「戦争中は大政翼賛会や警視庁からの命令で鬼畜米英をやっつけろという趣旨に添って色々なことをやりました」（同）と語っていて、この一九三三年の新聞記事にあるように「右翼へ転向」とまでは言えないかも知れないが、確かにそれまでの左翼路線を一時的に捨てるか、少なくとも表からは隠さざるをえなかったことは間違いないようである。そして転向を報じられた後、同月二六日の同紙ラジオ欄には確かに文弥の名前がある。

この、文弥の一九三三年を境とした前後の活動は、当時の音楽家が置かれた状況をよく示している。すなわち、音楽家が「芸人」ではなく「労働者」としての意識をもち始め、社会の中で葛藤を生じさせるのである。

２　音楽は、芸術か？　経済か？

音楽をはじめとする芸能・芸術は、それを職業とする人がいる以上は経済活動であり、演奏や作曲は労働である。だが、芸の論理はそのことを直視させない。これは今日でも同様であろう。現代の画家山口晃は「絵から経済を遠ざけると云うのは近代の錯覚」（『ヘンな日本美術史』祥伝社、二〇一二）と語っているが、何もそれは絵画に限らない。「高尚な」芸術は経済のような下世話なものを超越していて、だから今なお貧乏画家が美談になり、無給の下積み時代が熱く語られ、また逆に、いくら制作費がかかった作品であろうと無料で違法なダウンロードが大した良心の呵責もなく行われるのである。

しかしそれでも近代的な社会に変わっていくにつれて、芸術家・音楽家は自身の活動を経済と結びつけることに意識的になってはいく。岡本文弥が労働運動に共鳴していたように、それは芸術家・音楽家の権利意識というかたちで現れる。そのきっかけの一つが、一九三一年から始まったヴィルヘルム・プラーゲによる著作権保護活動、いわゆる「プラーゲ旋風」である。

府立高校の一ドイツ語教師であったプラーゲが英独仏伊墺の五カ国の著作権管理団体の委任を受けて日本の杜撰な管理体制を取り締まったこの出来事については倉田喜弘『著作権史話』

（千人社、一九八〇）や大家重夫『ニッポン著作権物語――プラーゲ博士の摘発録』（出版開発社、一九八一／改訂版 青山社、一九九九）など、既に多くのことが知られている。そこで、ここではまずこれらに従って「旋風」の概要を述べたうえで、一つの視点、すなわち芸術と経済との関わりという視点から、この出来事について考えたいと思う。

プラーゲは一九二八年にドイツから来日。松山高校のドイツ語教師になる。翌年一高、翌々年に府立高校に移る。その後一九三一年に著作人管理団体の委任を受けて、ビルの一室を事務所として活動を開始する。大家による前掲書ではその様子を、

大抵の人々〔演奏会をしようとして事務所を訪れた人々〕は、この事務所から内容証明郵便を受け取り、思ってもみなかったお金を要求された。その理由を聞こうと思って入っていった客は、日本語を喋るドイツ人と会う。そのドイツ人は、日本人の客の話を聞くまもなく説明をし、疑問に答え、説得した。客は釈然としないが、説得され帰っていく。

と表現している。著者の想像ではあるが、本書はプラーゲと共に働いていた人物にも取材したものであり、信頼できる描写でないかと思う。ビジネス上の交渉というよりは、無知な日本人に著作権概念を教育するような態度だったようである。

一九三三年、プラーゲは一軒家へとオフィスを移して、活動をより盛んにする。彼は、演奏会や放送で著作権処理が行われていないもの、曖昧なものを次々と摘発し、料金を徴収していった。

彼の活動は、日本の作曲家にも、プラーゲが保護するヨーロッパの作曲家と同等の権利を主張する機会を与えた。一九三三年一月、日本作曲家協会は日本放送協会と著作権料の値上げをめぐって交渉を開始する。しかし交渉は難航、六月四日に開かれた総会で、ストライキを決定した。一般的な勤め人とは異なり、作品の放送を許可しないというかたちのストライキである。この日から日本作曲家協会に所属する作曲家の作品は放送されなくなった。隙間を埋めたのは伝統邦楽やいわゆるクラシックである。このストライキは同年七月二八日に、陸軍戸山学校軍楽隊によるハイドンの軍隊交響曲を放送するために編曲を行った菅原明朗が協会を脱会し、そのあたりをきっかけにして和解へと向かうこととなる。

さて、ストライキが決定した際の声明文に、次のような個所がある。

　当協会は放送協会と十数回折衝の結果、当時は外国に於ける実例等も一切不明だったので、昨年四月取敢えず暫定的な料金率に依る仮契約を放送協会と当協会の間に結びましたが、其の率は他種の創作物に比しても外国に於ける実例に照しても余り低きに失するので、今回仮契約期限の満了と共に新らしい料金率を定めようと懇談を重ねましたところ〔略〕会員の著作物の放送は暫く拒否することを申合せました。

外国の例を見ますと現にドイツに於ける音楽に関する著作権使用料は加入者一人の負担年額約二十六銭六厘、ベルギーは聴取料金の三・三％（日本にあてはめれば三〇銭）スイスは二％（日本にあてはめれば一八銭）その他の国々も各同様な率であります。然るに日本の現状では加入者一人につき年額金二厘強（〇・〇二二％）という驚くべき小額に過ぎず、諸外国の例にくらべて百分の一にしかなって居りません。

（『月刊楽譜』二二巻七号、一九三三）

「外国に於ける実例」「諸外国の例」という言葉からも分かる通り、明らかにプラーゲの活動の影響が見られる文章である。この件について新聞は「醜い抗争」と表現し、また同時にプラーゲもヨーロッパの作品の使用料値上げを「この際要領よく契約を更新しようと」していることを伝えている（『読売新聞』一九三三年六月五日朝刊）。そして同月一五日の紙面ではそのようなプラーゲのことを「高利貸の如く」だと表現している。このときのプラーゲの活動によって、彼が著作権を管理する外国曲は同年八月から一年ほど放送されなくなった。このプラーゲの一連の活動は賛否両論を呼ぶ。

「否」の意見に大方通底するのが「高利貸」という言葉に表れているように、プラーゲを欲深いと揶揄するものであった。たとえば以下のような記事がある。

「ローマ条約」による国際著作権協会の代理人と自称するプラーゲが出現して無法の作曲物使用料を要求して以来、放送局は昨年夏以来、近代音楽の放送を中止せざるを得ぬこととゝなりラヂオファンは、近代音楽のレコードすら聴取する事が出来なくなつてしまつた。又プラーゲは傲慢無礼な態度で内容証明等を演奏会開始前に音楽家につきつけ甚だしきに至つては日本人の作曲したものを外国人が作曲したと偽つて著作権料を要求する詐欺さえ行はんとする

（『読売新聞』一九三四年三月一五日朝刊）

「自称」「無法」「傲慢無礼」「詐欺」という言葉は報道機関としては相当に偏っているように思える（が、実際に相当恣意的な著作権料徴収もあったようである）。それまで近代的な著作権概念がなかった日本の音楽界に突如支払いを求めてきたのだから当然といえば当然の反応かもしれない。しかし現代（二〇一七）でも、演奏会や、音楽教室での楽曲使用や引用などをめぐって著作権管理団体関連の問題が多発していることを思えば、その原因をただ時代だけに帰すこと

はできない。ここにはやはり音楽を経済と結びつけることの反感が背景にあると考えられる。あるいは一九三三年三月の国際連盟脱退の表明以降、国際的な連携によって国内の利益が損なわれているように見える出来事に敏感になっていたとも言えるだろう。

プラーゲへの批判はしかし、近代以降の芸術への視線を端的に表している。

当初プラーゲへの批判は、「強欲」という面から展開された。しかし彼とは関係のない日本作曲家協会による要求も放送局は呑まなかったということは、結局のところ、音楽という芸術活動が経済活動と直結することに対して理解がなかった、ということである。

プラーゲ旋風は、一九三八年に大日本音楽協会、大日本作曲家協会、現代日本作曲家連盟、演奏家連盟などで著作権保護のための組織を設立することを決定し、翌一九三九年に大日本音楽著作権協会（現ＪＡＳＲＡＣ）に著作権仲介業務を独占的に任せることで収束した。この時の報道は、面倒なプラーゲを封じ込めたという論調であったが、これまでの経緯を踏まえれば、むしろプラーゲによってもたらされた音楽家の権利意識が根付いたのだとも言える。もっとも、既に述べたように、現代でも音楽の著作権に関してはしばしば問題が起こっており、芸術と経済の関係は単純ではない。

3　ジェンダーと伝統と階級闘争

プラーゲに関する騒動は、しかしあくまで作家・作曲家やその作品に関するものであり、それを上演する人々、すなわち演奏家や役者といった芸能人・芸人にとっては、むしろ仕事をする際の枷が増えたというような出来事であった。しかし、権利への意識が高まっていたこの時期、彼らも別の文脈で労働運動を行う。その中でメディアが大きく取り上げたものの一つが、一九三三年、松竹所属の少女歌劇の女優（生徒）が賃金や待遇の改善を要求して行った、いわゆる「桃色争議」である【図13】。

第3章で扱った『天国に結ぶ恋』のようなサウンド版の映画が主題歌とのタイアップで成果を挙げる中、トーキー版の作品も増え、その結果、映画館の弁士や楽士の立場が危うくなってくる。一九三二年に松竹は、浅草の弁士と楽士を多く解雇し、裁判となるも勝訴した。この流れの中で、翌一九三三年、同社の楽士と少女歌劇部に対して賃金の値下げを通告した。

これに反対したのが水の江瀧子を争議団長に抱いたストライキ「桃色争議」であった。また大阪でも飛鳥明子を争議団長にして同時期にストライキが行われている。これらを指して「桃色争議」と呼ぶが、後にも述べるように、女優や女性芸者らによる争議は、松竹と関係がなく

【図13】「桃色争議」を伝える写真（『国際写真新聞』第19号、同盟通信社、1933）。

ても時に同じ呼称が用いられた。

このストライキについて水の江はいくつかインタヴューをされているが、ここでは中山千夏によるものから経緯を拾ってみたい。水の江はこのストライキの発端についての質問に次のように答えている。

バンドの人から。（「音楽部員……」［インタヴュアーである中山の言葉］）そう、音楽部員がね。要するに、楽士さんの値段が安いから。それで三回公演は三回、同じ楽士がやるんですよ。三本立てで、音楽が無い演し物は無いんだから。飯を食う間も無いし、昔はボックスの中、すごい埃だったのよ、で、病気になる人も多いし、病気になった時、見舞いもくれない。それで、代わりに誰か入っちゃうと、職場を失っちゃうしっていうんで、楽士さんが必死だったの。家族を養ってけないって言うから、そいじゃ可哀想だ、応援しようよって、それが始まり。

（『新潮45』一二巻三号（一三一号）新潮社、一九九三）

楽士と女優（生徒）たちは一九三三年六月一四日、嘆願書を提出する。そこで要求されたのは給与に関することに加えて、設備の改善、休日の制定、女子については生理休暇の制定等であった。またここには「中間搾取」の排除、という項目もあったのだが、このインタヴューで水の江は「いや、中間搾取なんてやってないですよ」と述べて次のように説明している。

あれはね、ホンモノの共産党が入ってきたんですよ。それで、そうなっちゃったの。中間搾取ってのは無かったですよ。だから、楽士さんの給料を、もうちょっと待遇をよくしてやってくれっていうだけが、本当の目的だったんですよ。〔略〕それを共産党がさ、本格的に入っちゃやったからね、共産党的に書いちゃったんで、大ゴトになっちゃったんだね。

（同）

松竹側が部分的な要求を呑むと回答しても交渉は難航した。会社側は数人を解雇し、さらに女優たちの所属する楽劇部を再編、彼女らにそこに移ることを勧める。相手の弱体化を狙ったわけである。水の江は一九三三年七月一日に解雇される。同日、水の江ら争議団は湯河原に籠ることを選んだ（なお大阪の争議団は高野山へ向かった）。水の江曰く「湯河原にずいぶん長いこと居ましたよ。共産党も、湯河原へ来たわけよ。中にステキな人が居て、モテちゃってね（笑）」（同）ということだったらしい。七月一二日、湯河原から本部に帰ってきていたところを争議団は検挙されるが、当日の夜には解放されている。その後、松竹が要求のほとんどを容れて、水の江を含む数人がしばらくの謹慎を経て復帰、「桃色争議」は終わる。水の江が大スターだったこともあり、世論が味方についた争議ではあった。これが話題となって、その後ダンスホールにつとめる女性ダンサーや芸者等、女性主体でストライキを行う際に「桃色争議」という言葉が使われるようになる。単に「争議」と言わずに「桃色」と付けるその報道には、やはりどこかストライキの主体が女性であったり、また芸人であったりすることを揶揄するような響きが含まれている。

日本の伝統芸能の場合はさらに複雑である。プロレタリア系の文芸評論家であった青野季吉は、一九三〇年に松竹所属の若手歌舞伎俳優らが作った団体である優志会が、松竹と先輩俳優らの圧力によって解体されそうだという報道を受けて、彼自身かつて別の歌舞伎俳優から同様の相談を受けた経験について次のように述べている。

いまの青年俳優、一般に下級歌舞伎俳優には、二重の支配が成立つてゐる。これが他の職業関係とは、大いに趣きの異なるところである。しかもその上、彼等にとつて不幸なことには、その二重の支配が、近年にいたつて全く抱合したこと、乃至は、一方の支配の方が他方の支配の方を利用的結合の関係においたことである。

（『社会は何故に悩むか』改造社、一九三〇）

つまり、松竹のような企業による支配と、芸能の中での師弟関係・上下関係という二つの支配、そしてその癒着を指摘しているのである。青野はこれに対処する戦略として資本家と名門幹部を支配階級であると定めることと大衆を味方につけることを提案しているが、問題の難しさもあって具体性に欠ける提案ではある。ただ、青野が、大衆が質の低い芸能を見せられることも資本家による直接的な搾取である、と考えている点は興味深い。日本の伝統芸能の質は、封建的な師弟関係によって保たれている部分が多いことを考えれば、一朝一夕に達成できる目標ではなさそうである。桃色争議がジェンダーと階級の問題を顕在化させたように、ここには伝統と階級の問題が表れている。

なお、ここでの優志会の運動は、第3章で扱った『島の娘』を上演することとなる前進座（一九三一年創立）へと繋がっていき、いわゆる伝統的な演目だけではない劇団として活動を盛んにしていくこととなる。

4　プロレタリア音楽のジレンマ

比較的穏やかであった桃色争議を共産党がサポートしていたように、また歌舞伎の新団体が青野の助言を求めたように、音楽・芸能と共産主義・社会主義はこの頃様々に関わるようになる。そしてそれらは、当時の激しい共産主義・社会主義の取り締まりを背景にして、若い人々に対する「脅威」として捉えられるようになるのである。

そんな「脅威」が若者を狙うとすれば、その舞台は学校ということになる。

この、学校を舞台にした「赤化の脅威」は様々な場所で起こっていたが、ここでは音楽関連のものだけを挙げる。

一九三二年五月一一日、日本プロレタリア音楽同盟局長の原太郎らが武蔵野音楽学校等での講義で学生に『無産者新聞』を配布したとして検挙されている。

続いて、一九三二年七月二七日、労働者救援会（共産党労働者のために一九三一年に設立された、日本労働組合全国協議会の補助団体）に関することで、関鑑子が事情聴取をされている。鑑子の妹である淑子も一九三三年九月に検挙されている。なお、淑子は保釈後、偽名で暮らしていたところ一九三五年一月二七日に火事で焼死している。

さらに一九三二年五月二九日には、東京音楽学校で講師をつとめていた近藤忠蔵が学生の「赤化」に関わったとして解雇されている。翌一九三三年の一月一七日には日本音楽学校の学生でプロレタリア音楽家同盟の会員であった青柳政夫が検挙されている。

本章冒頭に登場した新内語りの岡本文弥も無縁ではない。一九三二年五月三〇日の『国民新聞』には「無心の小学児童に赤化の魔手を延ばす」との見出しで、

去る六日以来市外大崎町桐ヶ谷一一六荏原無産者託児所で国際児童週間の催し物として秘かに小学児童数十名を集めプロレタリア児童学芸大会なるものを催し、左翼劇場の「赤いメガホン」プロキノの「メーデー実写」プロ音楽の革命歌合唱、其他プロ新内、落語等を演じて児童赤化を計りつつあった

と報道されている。児童数十名のためにしてはなかなか盛り沢山な「学芸大会」であるが、演劇や映画、合唱と並んで書かれている「プロ新内」というのはおそらくは文弥のことであろう。

さて、これらの報道に挙がっている名前、すなわち原太郎や関鑑子らは、日本プロレタリア音楽家同盟（一九三三年に日本プロレタリア音楽同盟と改称）のメンバーである。この団体につい

ては戦後「うたごえ運動」に関わった矢沢保の連載記事「日本プロレタリア音楽運動史」（日本音楽舞踊会議編『音楽の世界』音楽の世界社、第八八～第一二七号。一九七〇年八月～一九七三年一二月）が充実している。また近年の研究では西嶋一泰「プロレタリア音楽家同盟における移動音楽隊の実践」（角崎洋平・松田有紀子編『歴史から現在への学際的アプローチ　生存学研究センター報告』十七、二〇一二）が同時代的文脈の中での彼らの活動について詳しく扱っている。これらに従って同団体の事実関係を整理してみよう。

一九二八年、全日本無産者芸術団体協議会が設立され、その中の音楽部門が翌一九二九年に独立するかたちで日本プロレタリア音楽家同盟が結成された。西嶋は、この同盟の中心人物であった原太郎が一九三三年に出した論考「先ず何を為さねばならぬか？」（『プロレタリア文化』三巻二号）で述べた姿勢について「芸術的な音楽から卑俗な流行歌まで、当時の一般大衆を取り囲むあらゆる音楽シーンに対して、「プロレタリア音楽」を対抗させていこう」というものであったと指摘している。ではその「プロレタリア音楽」とは何かといえば、当時の原の考えでは「移動音楽隊」を組織し、街頭や企業、農村等で大衆を巻き込んだ活動を行う、というものであった。

このプロレタリア音楽家協会は、一九三三年に機関誌『プロレタリア音楽』の発行を始める。序文には以下のように書かれている。

東京音楽協会は、また公然と軍国主義の意図の下に組織され、防空コンサート、大東京記念コンサート、そのあがりを陸軍へ献納する等の軍事権力謳歌の事業を続けている。楽壇は何を今日の問題としつつあるか。曰く日本のファシズム、曰く音楽のモンロー主義。之等の傾向の反動性。支配階級に奉仕する政治的意義、更に又、窮極における芸術の死滅之等の傾向の総てに共通なる運命であること等を、わが機関誌は余すところなく理論的に暴露し、かかる音楽反動を粉砕するであろう。そしてこの斗争を通じて、わがプロレタリア音楽こそが、死滅しつつあるブルヂヨア音楽に代つて音楽を発展せしめ、音楽の歴史を押進めるものであることを、理論的に解明するであろう。

（『プロレタリア音楽』創刊号、プロレタリア音楽同盟、一九三二）

この東京音楽協会とは一九三二年に堀内敬三が組織したものであり、そもそも堀内自身が国家主義的な性格の人物であったため、この引用に見られるような「防空コンサート」等の企画を立てて、それが槍玉に挙げられているわけである。

さて、この引用は当時のプロレタリア音楽のコンセプトとその問題を端的に示している。反ファシズム、反モンロー主義（＝反孤立主義）等々が「音楽反動」であるというのは良いとして、しかしそれに対抗するべきプロレタリア音楽の優位性が「理論的」にしか「解明」されえないと考えた、すなわちあくまで「理論」であって、芸術上の価値の問題として扱いえなかったところに、当時の運動の限界が表れている。日本プロレタリア音楽家同盟は、この年日本プロレタリア音楽同盟と改名しており、ただ思想を同じくする音楽家の集まりではなく、プロレタリア芸術としての音楽に焦点を当てようとしたようにも思える。が、既に述べたように、具体的な提案としては移動音楽隊でのアジテーションに収束するこの動きが、それ以上の展開を見せることはなかった。矢沢がこの移動音楽隊について、

新しい発展的な活動形態を生み出していこうということは分かるのだが、それが「創作方法の全体を押し進めるもの」であったり、ここに創造的方法の「根幹を見出す」ということになってくると、これはいささか、一面的な強調の臭いが強くなってくる。

（「プロレタリア音楽運動史31」『音楽の世界』日本音楽舞踊会議編、十二巻十号［一二六号］）

と指摘しているように、最終的には音楽そのものではなく、組織や運動として音楽を用いることのみが重視されるようになり、作品としてはせいぜい歌詞内容が検討されるに留まったのである。

プロレタリア音楽（家）同盟は他にも音楽会やレコード鑑賞等の企画や、楽団、ハーモニカサークル等も組織しており、それはそれである程度の成果を挙げたが、取り締まりの厳しさはもちろんのこと、西嶋も同論文で指摘している通り、実際に活動に関わっていたメンバーの音楽的素養の限界もあって、大きな達成を見ずに一九三四年に解散している。しかし、戦後になって関鑑子は「うたごえ運動」の、そして原太郎は劇団「わらび座」の中心人物として活動を行い、それぞれ戦前の活動を別の文脈で発展させることとなる。

一九三三年当時の音楽と政治思想との関わりは、確かに政府からの「弾圧」と呼べるものではあったが、同時に当時のプロレタリア系の文化運動に内在するジレンマを顕在化したものでもあった。つまり、大衆を巻き込んだ運動が必要ではあるが、しかしその大衆は芸術的・文化的リテラシーが十分ではない。そのリテラシーとは従来の封建的・ブルジョア的価値観に従ったものであるから、ここでまったく新しいプロレタリア的価値観を作り出そうということになれば解決するのだが、実際にはそのような新たな美学は容易には生み出されえない。結果として、大衆の求める従来型の娯楽と、イデオロギーを発揚・確認し、大衆を束ねる手段としてのみの芸術・文化、という二択に陥ったのである。

5　監視下のソヴィエト訪問

このように音楽と共産主義・社会主義との関わりが注目される中で話題となったのが音楽家のソヴィエト行きである。国内的には厳しい取り締まりの対象である共産主義・社会主義思想。それに基礎づけられたソヴィエト。日本にとって好ましいものではなかったが、しかしもう一方で日本人が海外で活躍することへの期待もある。日本とソヴィエトは一九二五年の日ソ基本条約締結からは正式な国交があり、また満州では鉄道（北満鉄路）を満州と共同で運営するなど、通常の外交関係にあった。しかし、日本国内では共産党・同党員への弾圧の強化を進めており、たとえ本人が共産主義・社会主義に共鳴していなかったとしても、ソヴィエトへ赴くという行為は高い緊張の中に置かれていたのである。

そんな中、一九三三年に二度目のソヴィエト公演へと赴いたのは作曲家の山田耕筰である。一度目は一九三一年で、フランス公演の途中、ソヴィエト対外文化連絡協会（ＶＯＫＳ）からの招聘を受け、急遽訪ソしたということになっている。山田自身「私は一昨年〔一九三一年〕の夏、巴里の帰りに、ソヴィエト連邦の対外文化連絡協会の突然の招待」（『耕筰随筆集』南光社、一九三七）があったのだと言っている。しかし、外務省の一九三一年二月一四日付の資料には次のような記述がある。

音楽家　山田耕作
右者渡欧に関し日露芸術協会主催の送別会開催せられたる趣並入露其他に関し「ソ」大使館内対外文化連絡協会日本代表「スパルウイン」の諒解あり且つ日露協会員其他プロレタリヤ文芸運動者等の声援あるものゝ趣にて相当注意を要する旨本月九日付警視（貴）庁より通報あり〔略〕

（『要視察人関係雑纂／本邦人ノ部　第二十巻12・山田耕作』アジア歴史資料センター。片仮名表記を平仮名に改めた）

これは渡欧に際してソヴィエトを通過するがゆえの「入露」ということなのだが、既に日本を発つ段階で同国との関わりをもっていたことは、パリでソヴィエトから受けた招待が、実はそれほど急な話でもなかったのではないかと思わせる。また、ソヴィエト行きの予定によって山田が当局から監視対象となっていたことは、当時の社会主義者への弾圧を思えば当然であるが、これまで知られていなかったことであろう。もっとも、山田自身に関しては同文書の中で「何等容疑行動を認めざりしものなり」と締められてはいる。

このようにソヴィエト公演が当局に注視されたことには前史がある。

おそらく、著名な芸術家のソヴィエト公演で最初のものは、歌舞伎役者の二代目市川左団次が一九二八年七月に行ったものである。歌舞伎初の海外公演としてよく知られたものであるが、この公演に対して右翼団体が抗議を行っている。

同年六月二九日付の外務省文書には次のように書かれている。

松竹所属俳優左団次一行入露阻止の為立正愛国社山本開作等社長及左団次に警告書を交付せるも松竹側に誠意の認むへきものなしとして演説会を開催し会衆の流れを利用して印刷物撒布等の計画ありしも当庁の諭旨により中止するに至れり

府下日暮里町所在大行社本部樋口記八郎外一名は本月二十八日左団次方を訪問し一行の入露は赤化露国の術中に陥るものなるに付吾等極力之れを阻止する旨の決議文を家人に交付し再度訪問を告け退去せるか大行社に就いては内査中

（いずれも『本邦ニ於ケル反共産主義運動関係雑件1．一般』アジア歴史資料センター。片仮名表記を平仮名に改めた）

ソヴィエト公演が政治的な文脈で捉えられていたことがよく分かる出来事である。もっとも、左団次自身はソヴィエト公演の後訪れたイタリアでムッソリーニに好感をもつなど、ソヴィエトへの政治的な共感はなかったようである。

さて、左団次の自宅を訪れた大行社は、三年後の一九三一年に陸軍幹部と赤松克麿、大川周明らによって計画され、未遂に終わったクーデター、いわゆる三月事件に参加し、警視庁を襲撃することになっていた。またここに名前の挙がっている樋口記八という人物も、同事件に関わっており、三月事件を扱った中野雅夫『幻の叛乱――三月事件』（講談社、一九七二）にも登場している。この三月事件は未遂ではあったが、五・一五事件や二・二六事件等、俗に「昭和維新」と呼ばれる一連のクーデターの前哨となったものである。

この事件での大行社の役割は、設立者である清水行之助への鈴木邦男によるインタヴューで詳しく語られている。それによると「三月二十日の夜、日比谷公会堂でボクシング大会を開き、そこに集まった人間を議会に向けデモさせる。さらに無産大衆党一派も動員し、銀座、新橋などで『議会が大変だ』と叫び、各方面からこれも議会に群衆を殺到さす、そこで、軍がその鎮圧のために乗り出し、戒厳令をしく」（鈴木邦男編著『ＢＥＫＩＲＡの淵から――証言　昭和維新運動』皓星社、二〇一五）というものであったという（実際、この一九三一年三月二〇日の日比谷公会堂では、一月から来日していたフィリピンのボクシングチームと日本のチームとが対戦しており、おそらくはこの試合を指しているのだろうと思われる）。だが決行予定日の二日前、三月一八日に徳川義親の説得によって中止となっている。

もちろんこの三月事件と左団次の件は直接の関係はないが、後にそこに関わる団体・人物の抗議にさらされた当時のソヴィエト公演が政治的な緊張の中に置かれていたことが分かる事例であろう。

この緊張は渡航前だけではない。渡航後にも問題が発生している。左団次のソヴィエト公演に通訳として同行した大隈俊雄は、同地でプロレタリア演劇資料を収集して帰国し、また帰国後にはＶＯＫＳの「スパルウイン」と連絡を取っているとして当局から監視対象に指定されている（『要視察人関係雑纂／本邦人ノ部第十四巻10．大隅俊雄』）。

山田耕筰の一九三一年公演とも関わりのあったこの「スパルウイン」という人物は、エヴゲーニイ・スパルウィンのことである。彼はラトヴィア生まれの東洋・日本学者で、一八九九年に来日し、ロシア公使館で働き始めている。その後東京外国語学校でロシア語臨時講師をつとめ、その時に二葉亭四迷から日本語を習っている。ウラジオストクの国立極東大学で教鞭をとった後は、一九二五年に在日本ソヴィエト大使館の書記官に就任、ＶＯＫＳの実質的な代表としても活動を行った。左団次のソヴィエト公演にも関わっていたが、一九三三年に歿した。

スパルウィンは『横目で見た日本』（新潮社、一九三一）という回想録・エッセイ集を出版し

ており（上記の伝記的情報もこれに基づく）、そこでは山田耕筰について、

山田耕筰氏は日本洋楽界の元老であり、功労者であるから、充分に尊敬すべき人です。だが山田さんはその性格によつて大変損をしてゐます〔略〕とにかく真面目さが欠けてゐるやうに思はれるのです。

と述べて、むしろ近衛秀麿の人柄を称えている。山田と近衛は一九二六年に近衛が日本交響楽協会を脱会して新交響楽団を設立したことをめぐって反目し合っていたが、山田が一九三一年にパリ及びソヴィエト行きの際に訪問したハルピンで、当地にいた近衛と面会、和解している。スパルウィンのこの比較もそれを念頭に置いたものであろう。スパルウィン本人としては、この文章が、山田耕筰のソヴィエト訪問の後のものだけに、詳細は分からないまでも、直接に山田の性格について思うところが生じる経験をしたのかもしれない。

山田の二度目のソヴィエト行きは、一度目の成功を受けてのものである。この件でもやはり彼の行動を監視・報告している一九三三年二月二〇日付の外務省文書が残っている。山田が直接ソヴィエトに招かれたのはスパルウィンの後にＶＯＫＳの駐日代表となったモイセーイ・グリゴーリエヴィチ・ガルコーヴィチによってであった。

〔略〕
日本交響楽団長　音楽家
ラビス（全連邦芸術労働者連盟）名誉会員
山田耕筰（四八）
右妻
菊尾（四二）

右は昨年十一月ウオクス〔VOKS〕駐日代表「ガルコウイチ」より招聘を受けたるにより今回入露の上莫斯科其〔モスクワ〕其の他全連邦各都市に於て演奏会を開催する件に関しては客月十八日付外秘第一、一〇号警視総監（貴官）通報あり注意中の処〔略〕携帯品等に於て別に容疑の点を認めざるが渡浦〔ウラジオストク〕に際し左記談片を洩せり

（『文学、美術及演劇関係雑件／音楽関係11．山田耕筰関係』アジア歴史資料センター。片仮名表記を平仮名に改めた）

この後には今回の渡航の経緯がつづられており、また同資料には他にも訪ソ時の山田の国内での細かい旅程の報告が続いている。結果的に何も疑わしいことは含まれていなかったにせよ、

このように当局による逐一の報告対象となるほどの出来事であったことが分かる。事実、この後ガルコーヴィチと交流をもった思想家で共産党員の加藤正は、一九三四年に連行され、以下のように伝えられている。

加藤は昭和六年夏秋田雨雀氏らを中心にサウエート友の会が創設され、サウエート国内の文化事業宣伝を目的として機関誌「サウエートの友」に掲載する写真及びサウエートの情報を当時駐日サウエート大使館参事官で情報部長たりしガルコウィッチ氏より提供をうけ、その事務的連絡のため友の会書記局員加藤正がサウエート大使館にしばしば出入りしていた、然るに加藤は昭和六年十一月日本共産党の正式党員として入党し友の会を党細胞となすほか各種の左翼文化団体内部の統制拡大の任務を帯びて活躍していたのであるがかこ《ママ》かる間にも彼はサウエート大使館のガルコウィッチ参事官より友の会機関誌の購読料或は広告料の名目で毎月定額の金の提供をうける一方、機関誌の編輯方針などについてもガルコウィッチ氏の指導をうけていたことを自白しさらにガルコウィッチ氏と友の会会員などとも会合していた事実を掴むにいたったので警視庁当局では今回加藤の取調べに本づき国内運動取締上の建前から断乎としてサウエート大使館員との交渉を究明することとなったものといわれている

地唄と箏曲 午後八時 米川文子社中

イ、地唄「茶おんど」 三絃 米川文子 尺八 青木鈴慕

ロ、千鳥の曲 古今調子 箏前手 米川文子 箏本手 富田良枝 尺八 青木鈴慕

千鳥はチャイカ ロシアで大好評

千鳥の曲を演奏 上が米川文子さん、下が初放送の富田良枝さん

【図14】「千鳥はチャイカ：ロシアで大好評」という小見出しがある。（『読売新聞』1933年9月1日朝刊）

（『大阪朝日新聞』一九三四年六月二三日夕刊）

山田のソヴィエト公演が好意的に伝えられるその一方で、政治的な脈絡ではソヴィエトと連絡をとる者は常に目をつけられている――国際的な場での活躍と、国内での政治指向との齟齬は近代以降常に存在するものだが、しかしその齟齬が特に大きくなってきた時代を反映している。

伝統邦楽でも、箏曲家の米川文子が一九三二年六月二四日に、六年前の初来日に続く二度目の訪日中であったソヴィエトの作家ボリス・ピリニャークの帰国に伴って、同地を訪ねている。文子の兄であるロシア文学者の米川正夫がピリニャークとつながりが深く、彼の作品の翻訳も出しており、その関係で彼女が四カ月間モスクワに滞在し箏曲の講習や演奏会を行うことになったものである。同地ではピリニャークのところで暮らし、同年一二月二日に帰国している。帰国後の言で米川文子は、当地では和服で通したことや、《千鳥の曲》がよく受けたことなどを伝えているが、彼女のソヴィエト訪問に対しての強い政治的な反応は、管見の限りではあるが、あまりなかったようである。一九三三年にはソヴィエトでの経験を語りつつ日本での活動を再開している【図14】。

なおソヴィエトにとっては、この頃がスターリンの大粛清前のまだしも平穏な最後の時期であった。

米川を招いたピリニャークは、一九三八年、反革命的であるとして、また日本のための諜報を疑われて粛清の対象となり処刑されている（一九六四年に名誉回復）。

その一年前には山田の二度目のソヴィエト公演を準備したガルコーヴィチも粛清対象として射殺されている（一九五六年に名誉回復）。

6　脱政治化に向う音楽

このような政治運動は、第2章や第3章で登場した新民謡にも影響する。労働運動で歌われる労働歌と、作業の際に歌われる仕事歌としての労働歌とを区別しようという動きが出てくるのである。もちろん、これらは同じ単語でありつつ、実際には文脈によって区別されて用いられてきたものである。

一九三五年のラジオ放送では、農作業や工場での労働をテーマにした歌を「新労働歌」と呼ぼうとしたが、それを改称して「労働民謡」とするようになっている。曰く、

BKが去る六月発表した「新労働歌」の第二回の放送だが「新労働歌」と云ふと何だか左翼がかつて聞えると云ふので「労働民謡」と改名したものである。

（『読売新聞』一九三五年八月二三日朝刊）

と。「労働歌」という言葉の響きが左翼的であるとして忌避されたということだが、同時に「民謡」という言葉が政治的な意図を感じさせないニュートラルな響きをもっていたことが分かる例である。

このことは「民謡」という言葉が音楽や文学の場で使われるようになった経緯を考えると興味深い。第2章で既に述べたように、新民謡の創始者の一人である詩人野口雨情が、政治思想を語る詩から脱して、漠然とした情緒を託した先が「民謡」であった。その出自からして「民謡」は脱政治化した言葉だったのである。

また「労働」という言葉の方も政治的な色合いがついていると考えられたため、しばしば「労作」という比較的馴染みのない言葉に置き換えられた（今日でも苦労して生み出した作品という意味で用いられるが、無論それとは異なった意味である）。

もっとも、馴染みがないとはいえ、こちらの方は右派でも左派でも用いることが少なくなく、ある程度一般的な名詞として考えられていたようではある。

だが当時の民俗学者や、新民謡の詩人は、「労働」よりも「労作」を好んで用いており、農作業や漁業の際に歌われる歌も「労作民謡」や「労作歌」等と呼ばれ、さらにそれが自然発生的な民謡の基本形であるとされた。この「労作民謡」という言葉は、やはり「労働歌」という言葉の含意から距離を置き、脱政治化するための意図を背景にもつものであると考えられる。

音楽家として生活していくのが簡単でないのは今も昔も変わらない。音楽ジャンルや演奏を披露する場が多様化した分だけ今の方が少しは楽なのかもしれないし、多様化は流動化でもあるため、より難しくなっているとも言えるのかもしれない。いずれにせよ、通常の「職業」とはなかなか認識されないし、また曲を作ったり演奏をしたり、ということが「労働」なのだろうか、という疑問も一般には少なからずみられるだろう。

一九三三年も同様に、様々な思惑や先入見が音楽を取り巻いていた。時代に合わせて活動しようにも、その時代自体が不安定であった。今日から見れば、音楽が政治に近づけば近づくほど、混沌が深まっていくようにも見える。だがその混沌こそが、当時の日本のあり方を反映していたのである。

第5章

国際連盟脱退という「まつりごと」

デモ行進の音楽

1　右派による労働運動

昭和天皇の誕生日はメーデーと二日しか離れていない。これ自体はただの偶然である。だが、前章で見たように左派の活動が注目されるようになり、一方で右派では一連のクーデターの試み——いわゆる昭和維新——が活発となり、またそれぞれに対する規制も強化されていく中、この偶然は緊張を生み出す。一九三三年の四月・五月はその発端となった。

一九三三年四月二九日。天長節すなわち天皇誕生日である。この年の天長節は、例年と大きく異なっていた。約一カ月前、三月二七日に日本が国際連盟を脱退したことを受けて、国際連盟脱退詔書《しょうしょ》奉戴式を兼ねていたからである。

この日の午後二時、この奉戴式のために日比谷公園には約三万人が集まったと報道されている（添えられた写真ではそれほど多くは見えないが【図15】）。

国際連盟脱退詔書奉戴式は天長節奉祝をかねて午後二時から日比谷公園広場に開かれた、畏き聖旨に応へんとする市内各学校、各青年団、婦人会、青年訓練所生徒、帝国在郷軍人会の主催団体から約三万人の男女が参列〔、〕若葉に包まれた広場は壮観を極めた

正面公会堂のバルコニーには紅白の幔幕がはた〱とひらめく〔。〕定刻頭山満翁司会の下にまづ柴田徳次郎氏の開会の辞がマイクを通じてすばらしいバスをもつて響く、次いで掲揚された国旗は国士館所蔵の世界一を誇る大国旗だ、国歌を二唱してから明治神宮宮司有馬良橘大将が詔書を奉讀するや会場は寂として神厳の空気に満たされる

続いて徳富猪一郎氏が詔書奉戴の誓詞を述べてから齋藤〔実〕首相をはじめ荒木〔貞夫〕陸相、大角〔岑生〕海相、鳩山〔一郎〕文相〔、〕徳川〔家達〕、秋田〔清〕の貴衆両院議長、鈴木〔、〕若槻〔禮次郎〕、安達〔謙蔵〕の各政党総裁らがそれぞれ感激に声をふるはせつゝ演説、いやが上にも非常時気分を昂めて午後三時丸山鶴吉氏の閉会の辞で式を終つた、これこそ官民一体全世界の正義和平に向つて進撃する雄々しい皇国の姿を如実に見せたものであつた

（『読売新聞』一九三三年四月三〇日夕刊）

【図15】『読売新聞』1933年4月30日夕刊

右翼団体玄洋社の中心人物の一人である頭山満、その弟子筋で後に国士舘大学となる私塾国士舘の設立者である柴田徳次郎、そしてジャーナリストの徳富猪《い》一郎《いちろう》（徳富蘇峰）、なかなかの顔ぶれである。そしてここに、約二カ月後の六月一七日に大阪で交通違反をした軍人が警察に止められ軍が逆に警察に抗議をした「ゴーストップ事件」で気を吐くことになる荒木貞夫、この時京都帝国大学の滝川幸辰《ゆきとき》教授に対する思想弾圧「滝川事件」の只中にいた鳩山一郎、数年前からカフェーの取り締まりについてサトウハチローらと論争をしていたことで知られていた警視総監丸山鶴吉ら「官」に属する人々が加わる。

「官民一体」を謳っているが、ここで「官」が「一体」となっているのは相当に特殊な「民」であり、まさに「非常時気分」の増す光景である。

そしてこの詔書戴奉式に合わせたイベントも開かれている。


力強き第一歩を踏み出さうといふ意義深い日、この佳節を意義あらしむる目的の催し物も多いが午後二時には在郷軍人会、青年団、各学校その他の諸団体が日比谷公園広場に参集して連盟脱退の際渙発された詔書奉戴の式をあげ、更に同二時には代々木原頭でさきに国家主義の労働団体から献納された愛国労働号機の命名式が行はれ、同機は式後直に帝都上空にその銀翼を輝かせて処女飛行を行ふ、午後三時には国家主義諸団体の労働者一万余名

が代々木の原を出発して青山から芝公演まで日本労働者の歌を高らかに合唱しつゝ愛国的デモを行ふ、また東京市連合青年団では同七時廿分全市卅五区の喇叭手及び喇叭鼓隊員八百名を招集して二隊に分れ本郷、神田、芝、京橋に亘り奉祝大行進を行ひ終つて二重橋前に整列して『君が代』を奏し皇居を遥拝万歳を三唱する、かくて戸毎に日の丸の旗翻へる都大路はいやが上にも奉祝の気がみなぎることゝなつた

（『読売新聞』一九三三年四月二九日朝刊　傍線筆者）

詔書を受けた後、労働団体から飛行機が寄付され、その後彼等がデモを行う。現代の私たちの感覚からすると、このような集まりが「愛国的」であり、またそこで《日本労働者の歌》なる曲が歌われている、ということに違和感をおぼえるかもしれない。戦後から現代において労働団体といえば左翼のイメージが強いからである。しかしここで「国家主義諸団体の労働者」と書かれているように、この天長節で労働歌を歌っているのは右翼の労働団体なのである。そしてこの一九三三年天長節の集まりは、以下の内務省の文書にあるように、右翼の示威行為すなわちデモ行進の最初期のものである。

日本主義労働組合に依る日本労働祭等の独自の労働祭は既述の如く昭和八年〔一九三三年〕

四月二十九日の天長節当日献納飛行機の命名式後、愛国勤労祭と称して「亡国メーデー排撃」「日本主義労働祭の確率」等を叫んで約二千名の労働組合員が式場たる代々木練兵場より芝公園迄示威行進を行ひたるを以て嚆矢とするものゝ如し。

（『昭和十一年労働祭禁止と之に代る紀念運動』内務省社会局労働部、一九三六）

まさに先に引用した右派によるデモのことを指している。ただ『読売新聞』では「一万余名」となっていたものが、こちらでは「約二千名」となっており、先の新聞の写真から推測しても、後者の方が正しそうではある。

実は、大規模な愛国デモとしては、既に一九二六年から毎年二月一一日の紀元節を祝う「建国祭」が行われていた。一九三三年の第八回建国祭では、日本労働総同盟などの右派の労働団体が初めて参加している。つまり、この経験を踏まえての天長節でのデモということになろう。なお、この第八回建国祭でしばしば聞かれたスローガンは「国際連盟を脱退せよ」であった。これが叶って天長節を迎えたわけである。

国際連盟脱退という出来事は、このような歌と行進を伴った「まつりごと」として天皇誕生日を彩ったのである。

2　国粋主義と国家社会主義

さて、この右派の労働運動とはどのようなものなのだろうか。

政治思想を単純に左右に二分することは過度の単純化であるのは承知の上で話を進めるのだが、日本において決定的にその両者を分けるのは天皇を認めるか否かという一点である。

しかし現代とは異なり、天皇が政治的にも文化的にも権力そのものとして君臨していた戦前にあっては、天皇を認めるというのは結局のところ国――あるいは「国体」という言葉を用いてもいいかもしれない――のあり方をすべて肯定する国粋主義を意味する。国のあり方をすべて肯定するのなら、むしろ何の変革も必要なく、そうであれば政治活動も無意味だということになる。このジレンマについては片山杜秀『近代日本の右翼思想』（講談社、二〇〇七）が詳しく論じている。片山は同書で、このようなジレンマはその解消を目指して、結局精神論やその裏返しとしての肉体崇拝に落ち着くと述べている。これまでの章で私たちは、一九三三年に具体的な問題から抽象論・精神論へとシフトしていく契機を見てきたが、それらは片山の指摘とパラレルな事態だと言えるだろう。この事態はここでは、現状に異議を唱えて労働者の権利向上を訴える労働運動が、天皇を中心とする国の現状肯定である右派の思想と結びつきうるのかという問題となる。

この右翼の労働運動を支えたものの一つが、国家社会主義と呼ばれた思想運動である。「国家社会主義」という言葉は時代や地域によって定義が様々だが、最も有名なものはドイツのナチスで、そもそもNazisという言葉自体がNationalsozialist（国家社会主義者）の略称の複数形である。

この国家社会主義運動の日本における中心人物の一人が赤松克麿である。前章で、左団次のソヴィエト公演に抗議した右翼が、その後一九三一年三月のクーデター未遂、すなわち三月事件に関わっていることを述べたが、赤松もまたこの事件に加わった一人である。この三月事件で赤松は、当日デモ隊を率いて混乱を起こす役割を担うことになっていた。

この赤松の国家社会主義運動は、国外でも話題となっている。一九三二年のフランス *Le Petit Parisien* 紙は、赤松が社会民衆党を離れ、国家社会党をおこしたことを報じている【図16】。この中では、党員が四二〇〇〇人に及ぶこと、国家社会主義が「社会主義とファシズムの折

Le nationalisme extrémiste au Japon

Tokio, 17 avril (*dép. Times.*)
Le mouvement nationaliste extrémiste au Japon prit une forme concrète hier lorsque M. Katsumaro Akamatsu, secrétaire du parti social-démocrate, s'est séparé de près de la moitié du comité exécutif central pour former le parti national socialiste, qui se propose de combiner les principes du socialisme et du fascisme. Le mouvement compte 42.000 adhérents et 1 membre à la Diète. On prévoit une scission du parti travailliste en deux groupes, l'un fasciste, l'autre parlementaire. M. Adatci, ancien ministre de l'Intérieur, déclarait aujourd'hui que le fascisme ne pouvait pas réussir au Japon. Comme toutefois le système parlementaire a révélé une grande faiblesse depuis six mois, le mouvement actuel est observé avec une attention exceptionnelle.

【図16】*Le Petit Parisien*, 1932年4月18日号

衷」であることが説明され、「ここ半年の議会制度の非常な脆さを考えると、この動きは特に注目される」と締められている（*Le Petit Parisien*, 一九三二年四月一八日号）。一九三二年といえば、二月から三月にかけての血盟団事件を受けて、それまで反左翼として国権に資するはずのものであった右翼思想が、俄かにそうでもないことが明らかになった年である。このフランスでの記事は小さなものではあるが、国際的にも日本の政治的緊張の動向が注視されていたことが分かる。ちなみにこの四年後の一九三六年、横光利一はパリにて「フランスの左翼は日本の右翼のように勢力を政府の中に持っているので、圧迫を受けつづけているのは右翼である。左翼への転向のごときは、ここでは日本で右傾するがごときやさしさだと云ふことに、初めて気が付いた」（『欧州紀行』四月二六日）と記し、左右の対立の国際的な関心の高さを表している。この緊張は、赤松の国家社会党設立と同年に起こった五・一五事件を経て、さらに高まっていく。

３　同音異曲が意味すること

この赤松の経歴は少し変わっている。おそらく音楽関連で赤松が最も知られているのは、《赤旗の歌》（一九二二）の訳詞・作詞であろう。有名なクリスマスソングのドイツ民謡《樅《もみ》の木》がアメリカで別の歌詞をつけられて労働歌となったものを、赤松が作詞に近い訳詞を付して広めたもので、労働運動の定番曲である。現在でも日本語版はおもに赤松による詞のものが用いられている。

このことからも分かるように、赤松は当初共産主義者として政治活動に関わるようになった人物である。いわば「転向」したということであるが、しかし弾圧による消極的な転向というよりは、自らかなり積極的に天皇礼賛へと向かうことで右派へと変化していった。

赤松が「転向」へ向かっていったきっかけについては、松沢哲成が「社会運動の変容と分極化――一九二〇年代、赤松克麿に焦点をあてて」（東京女子大学史学研究室編『史論』第四二号、一九八九）で、興味深い指摘を行っている。曰く、一九二三年の関東大震災の際に赤松が、自身の指導教官であった吉野作造による被害調査に協力したことが、震災中の朝鮮人虐殺を起こした大衆の暴力性を認識する機会となり、それまでの素朴な労働者観を疑うようになったのだ、と。もっとも、本人がそこまで言及しているわけではないが、震災が過去の労働運動の方法に転換をもたらすきっかけであったことは赤松の次のような言葉からも明らかである。

> 総同盟本部内に労働法制委員会を設置することになった。その直後に於いて大震災が起ったのであるが、その機会に於いて、社会運動の実勢力の薄弱が痛切に暴露され、従来の潔癖な独善的な少数運動に対する反省が一層強く行はれた。

（『社会運動に於ける現実主義』青雲閣書房、一九二八）

国の主体としての大衆と、教化されるべき対象としての大衆。これは第２章で扱った農村・田舎の問題と重なる。簡単に言えば、理想と現実と言い換えられるかもしれない。理想としては大衆に根ざした新しい政治・文化の誕生を目指すはずが、現実には大衆の意識や趣味、能力の許容範囲を超えるために、旧来の価値体系に根ざしたものばかりが受容されていく。

これは芸術においても同様である。理想とは異なり、大衆は「ブルジョア的」であるとされる既存の娯楽を好むという現実がある。そして、それら既存の文化が大衆の関心を惹くということは、左派の指導者たちも分かってはいた。それゆえ、より大衆の趣味に寄り添った方針を採るべきであるという意見も少なくはなかったのである。

このように左派が大衆の支持を得るべく、原理的には否定すべき旧来の芸術や娯楽を流用することについて、日本プロレタリア作家同盟は、以下のように述べて注意を促している。

我々はサークルの指導に際して現はれた最も危険な日和見主義的傾向を指摘しなければならない。――それは例へば、サークルが「文藝」も菊池寛も「キング」の読者をも広汎に含むものであるといふ一点のみを強調することから、サークルが全体として階級的に高められ、指導されていかなければならないことを殆ど見ない所に現はれてゐる。これは従来のセクト的な「読者会」に機械的に反発する右翼的大衆追随主義である。

（『大会議事録――報告並びに議案 第五回』国際革命作家同盟日本支部日本プロレタリア作家同盟、一九三二）

このように言わねばならないということは、現実の大衆を取り込むのがいかに難しいかを示していると言えるだろう。音楽も同様である。先に述べた赤松訳詞・作詞の《赤旗の歌》にまつわるエピソードもまた、この大衆のリテラシーの限界の問題を反映している。赤松は戦後の一九五〇年代になってから「歌の日本社会運動史」という連載を『官公労働』誌に載せているが、そこではまだ左派活動家であった頃の赤松が《赤旗の歌》を訳した時のことを述べている。

そこでわたくしは全歌詞を七五調に翻訳し直して、一般労働者の歌えるようにしたのである。

歌詞は出来あがつたが、曲譜が歌えない。わたくしは妻の明子に原本の曲譜を歌つてもらつて練習した。そしてどうにか日本版の『赤旗の歌』が歌えるようになつたので、わたくしは当時関係していた労働総同盟の本部に集つてくる労働者たちに歌つて聞かせた。それからこの歌は燎原の火のように、全国の労働組合や社会主義者の間に広がつて行つたのである。

（赤松克麿「歌の日本社会運動史3」官業労働研究所『官公労働』六巻六号、一九五二）

労働歌における音楽的なリテラシーがどのようなレベルのものであったかが分かる文章である。まず、七五調にすれば旋律を知らずとも「歌える」詞になる、という考え方。そして、作詞者の赤松にしても西洋式の楽譜を読めなかったこと、今日の私たちにとっては比較的容易に感じる《樅の木》のメロディーですら、歌うために練習が必要だったこと。そしてこの歌が口伝えで広まっていったということ。

曲が歌えなくても先に七五調の詞を作る、というやり方は、実は近代の詩／詞と音楽との関係をよく表している。明治以降、七五調・五七調のような定型詩は、作曲されずとも即興的に、または既存の旋律に合わせて朗唱されており、労働歌もまたその系譜にあると言えるからである。第2章で扱った大関五郎『民謡辞典』にあるような定型句の数々を思い出しても良いかもしれない。労働歌に限らず、近代の歌の文化はこのような「替え歌」によって形作られてきた側面がある（このことについては、たとえば渡辺裕『歌う国民——唱歌、校歌、うたごえ』中央公論新社、二〇一〇)。

また、《赤旗の歌》に限らず、労働歌はおもに楽譜を介さず口頭で伝わっていったことを示す資料がある。赤松が一九二七年に編集した『労働歌集　第一輯』(社会民衆新聞社)には、九つの詞が載っており、これらはすべて既存の旋律に乗せて歌われることを想定している。つまり、これらもまた「替え歌」である。以下に曲名と作詞者、原曲名を書籍の記載通りに並べる。

《曲名》作詞者：原曲

①《労働歌》賀川豊彦：煙も見えずの譜
②《労働歌》賀川豊彦：煙も見えずの譜
③《メーデーの歌》秋田雨雀：アムール川の譜
④《メーデーの歌》赤松克麿：アムール川の譜
⑤《メーデーの歌》松岡駒吉：蒙古の船はの譜
⑥《神戸大罷業惨敗記念の歌》赤松克麿：噫玉杯の譜
⑦《団結の歌》福岡金次郎：民衆の旗の譜
⑧《同志の歌》赤松克麿：妻をめとらばの譜
⑨《日本労働総同盟の歌》赤松克麿：マルセイユの譜

原曲が、正式な曲名ではなく、歌い出しの詞や通称（①②の原曲は《勇敢なる水兵》、⑦は《赤旗の歌》、⑧は《人を恋ふる歌》、⑨は《ラ・マルセイエーズ》）で呼ばれている。曲名が印刷される楽譜ではなく、口頭で伝わっていったからであろう。歌を知っている者が知らない者に「この歌は、妻をーめとらばー才たけてー、の節で歌うんだぞ」と教えていったのであろう。

さて、ここに挙げた作品の原曲はほとんどが軍歌か寮歌である。労働運動が、一方で資本家を闘争の対象としつつ、もう一方で軍国主義・封建主義を排斥しようとしていたことを考えると、軍歌を用いたり、またエリート養成の場であった旧制高校の象徴である寮歌を用いたりしたことは奇妙に映る。しかし、これらは結局のところ「よく知られているメロディー」という以上のものが音楽に求められていなかったことを示すものである。

では、このような左派の労働歌に対して、右派のそれはどのようなものだったのだろうか。左派のものと違って多くは残っていないが、赤松が日本労働祭に向けて作詞をした《日本労働祭の歌》の歌詞は以下のようなものである。

一、亜細亜の東栄えある／日出づる国の労働者／祖国に誓い振ひ立つ／今日ぞ日本労働祭
二、見よや産業報国の／旗を捧ぐる労働者／熱火の血潮鉄の意気／燦たり日本労働祭

三、非道を懲し利己を打ち／破邪の剣とる労働者／正義の大道踏んで立つ／厳たり日本労働祭
四、あゝ工場に街頭に／勉めて倦まず労働者／産業振ひ国興る／輝く日本労働祭
五、皇道日本目指しつゝ／堅く結べる労働者／春爛漫の花の下／祝へ日本労働祭

（赤松克麿『日本労働祭の意義』国民協会出版部、一九三四）

楽譜がなく歌詞しか載っていないところも、これを歌った人々の音楽リテラシーを示している。典型的な七五調であることから、左派と同じような軍歌調であったのだろう。歌詞については、この歌の各節の前半は「〜労働者」と自らを描写し、後半では「〜日本労働祭」と機会を祝うのみで、ここには糾弾する相手もなく、また自身の主張もない。すなわちもはや、プロパガンダですらなく、時局と現状とを寿《ことほ》ぎ、またそうする自身を鼓舞するだけの言葉による作品である。そしてこれを一般的な意味では労働者ではない赤松が書いている以上、これは彼の狙い通り教化の語法となる。だが、その対象は皇民という広い範囲にわたっており、具体性はない。ほとんど応援歌の域である。

ここからも分かるように、実は左右両派の労働運動にとって音楽の扱いには積極的な違いは見出せない。美術における国粋主義運動のように、古来の日本の伝統芸術を再解釈して新たな

作品を作るというようなことは、音楽では——少なくとも労働歌では——行われなかった。これらの歌の価値は歌詞と、そしてそれを歌うことで団結を強めたり、もしくはデモを行ったりというところにあったのである。

ではそのデモはいかに行われたのか。

４　デモ行進を盛り上げる音楽隊

天長節から二日後の一九三三年のメーデーは、右派が左派の運動を妨害するために竹槍を発注していたことが発覚し、日本青年同盟に属する若者が複数検挙されている。このような剣呑な雰囲気の中、この年初めて「分裂メーデー」との呼称で、左派と右派が同日に、しかし異なった時間・ルートでデモを行うことが試みられた。新聞は、右翼と左翼の様子をそれぞれ分けて、次のように報じている。

右翼

メーデー歌の合唱、労働軍楽隊の狂躁的奏楽のうちに入場を終るや午後十時五十分けふを晴れの司会者全労の茅野眞好君が万雷のやうな拍手と声援を浴びて登壇、開会の辞についで『われらは茲に一九三三年の東京に於けるメーデーに際し労働階級の信念と決意を表明せんとす…』と宣言、決議を朗読発表して降壇〔略〕非常時メーデーを象徴する極左右の突撃に備へる腕章も物々しい六十名の特別隊を先頭に続いて全国労働、軍楽隊、総同盟、ガス産業を殿《しんが》りに歩武堂々メーデー歌を高唱しつゝ〔略〕午後一時上野公園動物園前広場に先頭が到着、万歳を三唱して到着順に解散、午後二時には全部二時間後に迫る左翼メーデーの到着を慮つた警戒陣の為山下に追ひ散らされた

左翼

午前十一時、九団体三千人が会場中央俄か造りの演壇を中心に十重廿重の陣営を布くや、拍手と喚声の熱渦の中に司会者東交の目黒留吉君が登壇して開会を宣し〔略〕各組合代表がこれまた声をふりしぼつて階級戦争を絶叫、威勢のいゝアナ系の闘士は続々として演壇から引きずり下される、この時芝浦沖に碇泊した大小幾十の汽船から号笛が盛んに吹き鳴らされて会場は全く興奮と喧騒の大ルツボと化す

かくて午後一時五分東京を先頭市従を最後とし〔略〕スローガンを大書した長旗を押し立てゝメーデー歌を高唱しつゝ大門から昭和通りへと大デモ行進を起したが会場で検束されたもの廿五名、なお旗三旒、旗竿十一本、剣先三本、短刀二振が押収された

（『読売新聞』一九三三年五月二日夕刊　傍線筆者）

ここでは、両者とも同じ《メーデー歌》を歌いつつも、軍楽隊の響きをともなった右翼デモ、「喚声」「絶叫」「喧騒」の左翼デモという対比が見られる。さらに同紙では、

そのうえ会場が芝浦と来てゐるので貨物列車の響きや汽船の警笛などあつらへ向きのジャズがあるので労働大衆は極度に興奮してしまつた

（同）

と書かれている。興味深いのは「ジャズ」という言葉で、街や工場の騒音の比喩として当時用いられていたことはあるが、それらとほぼ同義語として新聞で使われているのを見ると、翻って音楽として都市に流れるジャズが一般にどのように聞こえていたかがよく分かる。ともあれ、ここで軍楽・器楽の秩序だった響き＝右派、無秩序な人声や「ジャズ」という言葉で示される騒音＝左派、という音のイメージが示されている。

この右派＝器楽という組み合わせはこの後も続く。

右派に転向後の赤松は一九三四年四月二日、メーデーを労働者の利己的・個人主義的な運動

であるとして批判し、独自の労働祭を企画・実行している。先の《日本労働祭の歌》が載る、赤松本人が同企画の意図を説明した小冊子『日本労働祭の意義』の表紙には「★日本労働者は階級闘争主義を放棄せよ！／★日本労働者は産業報国主義に還れ！／★日本労働者は亡国メーデーを排撃せよ！／★日本労働者は日本労働祭に集れ！」と刷られており、赤松の姿勢を端的に伝えている。《日本労働祭の歌》は裏表紙に刷られ、陸軍戸山学校軍楽隊の伊藤隆一作曲、赤松作詞とある。

この時の新聞報道は以下のようなものである。

赤色メーデーに対抗する右翼労働組合最初の『日本労働祭』はいよいよ春たけなはの明三日神武天皇祭の祝日を期して都下職場のファッショ勢力を糾合、華々しく挙行されることになり二日午前十一時大久保秀吉氏（自彊組合〔当時の日本主義（右派）社会運動の拠点となっていた石川島自彊組合のこと〕）ほか準備委員十一名は警視庁労働課に出頭〔、〕正式に届出手続をするとともに労働軍楽隊出動について諒解を求めた

当日の参加予定数は廿組合約七千名で、午前十時組合旗をひるがへして深川公園広場に参集、東條喜七君（自彊組合）正司会者赤松克麿君（日本逓信従業員）を副司会者に先づ君が代合唱後日本精神昂揚の宣言決議を発表、各組合の代表演説を終つて午後一時『聞け万国

の労働者…』のメーデー歌の代りに本間陸軍大佐作『あゝ濁流に棹して…』の日本労働歌を高唱

（『読売新聞』一九三四年四月三日夕刊）

「本間陸軍大佐」とは、後に一九四二年の「バターン死の行進」として知られるアメリカおよびフィリピン兵捕虜虐殺事件の責任を問われ、戦後処刑される本間雅晴のことだろうか。一九三三年には同じ《メーデー歌》を歌っていたが、この年からは異なった曲を用いることで差別化をはかろうとしていることが分かる。

さて、ここでも「労働軍楽隊」という楽団が登場している。

この第一回の労働祭の政府による記録を筆者は見つけられていないが、一九三七年四月三日に行われた第四回のものが内務省の文書として残っている。

一、参加団体及人員

日本産業労働倶楽部（十加盟組合約五、八〇〇人、内女約三四〇人）

日本労働組合連合東京連合会（十加盟組合約八〇〇人）

東電愛国同盟（約四〇人）

新日本海員組合（約一〇人）
愛国労働農民同志会（約一〇〇人）

二、集合地の状況

午前七時四十分頃より産労自彊組合員三百名を先頭に各組合続々集合地たる靖国神社境内に集合し午前八時三十分頃産労所属日本勇信労働組合を最後に入場を終り、午前八時四十分司会者産労自彊組合長東條喜七外組合代表二十二名は靖国神社拝殿に於て神官の修祓を受けたる後東條喜七奉告文を朗読、一同玉串を奉呈して同五十分退出したり。次いで午前九時大村益次郎銅像付近に全員整列の上皇居遙拝、国歌奉唱、靖国神社礼拝をなしたる後、東條喜七司会者として挨拶を為し、終つて愛国労働農民同志会理事長阿部己與午別記宣言を、東電愛国同盟佐藤守義別記決議を各々朗読し、午前九時二十分上野公園産業会館前に向つて行進を開始したり。

三、行進並解散地の状況

自彊組合の音楽隊を先頭に左記スローガン記載の長旗を各組合に分け携帯し本間陸軍少将作詞陸軍戸山学校軍楽隊作曲の「日本労働者の歌」を合唱隊伍整然として行進開

始、解散地上野公園産業会館前に到り解散地の都合にて到着順に四回に分ちて解散したるが、其の都度司会者並副司会者たる団体代表者の発声にて両陛下の萬歳を三唱、平穏裡に午前十一時三十分全員解散したり。

スローガン
第四回日本労働祭
労働報国
皇道日本の完成
日本精神の宣揚
日本産業の伸張
労働者生存権の確立
階級闘争の絶滅
愛国労働組合戦線統一
全国産業労働会議の実現

（著者不明『昭和十二年労働祭禁止と労働組合の対策』内務省、社会局労働部、一九三七　傍線筆者）

すなわち参加者六七〇〇人超が、まずは靖国神社にて国歌を歌い、皇居を拝んでから出発。旗にスローガンを掲げ、音楽隊の先導によって陸軍戸山学校軍楽隊作曲による《日本労働者の歌》を歌いながら行進、上野公園にて解散。その際も天皇と皇后への万歳を行ったのである。「三、行進並解散地の状況」において「整然と」「平穏裡に」と記されていることから、政府がこの労働祭を好意的に捉えていたことが分かる。

ここで注目すべきなのは、やはり音楽隊が先導していることである。実は、これは当時のデモの規則からすると例外的なものである。以下は一九三二年の書籍に見える、デモに関する制限事項である。

【制限実例】（警察実務講話三三四百以下）

（イ）酒気を帯び若くは異様の服装を為した者は参加せしめざること。

（ロ）予め部隊を編成し、秩序ある運動を為すこと、特に出発の時混雑せざる様相当準備し置くこと。

（ハ）隊伍は一隊五十人以下となし（其の情勢に依つて三十人以下となす又百人となす）一隊毎に監督者を附すこと。

（ニ）監督者は予め其の住所氏名を届出、運動の際は特に標識を附し、隊伍の統制を為し責任を負担すること。
（ホ）行進は二列以下たること（通路広ければ四列となす）。
（ヘ）鐘鼓、法螺、喇叭又はメガホンの類を用ひ故らに気勢を添へるが如き行為を為さざること。
（ト）旗幟は五旒以下（適宜に定む）となし、特に大形の物を用ひざること。但し国旗、会旗、組合旗は此の限りに在らず。
（チ）行進歌、軍歌、若は穏健なる労働歌以外に唱歌せざること。
（リ）運動中途中に於て演説せざること。
（ヌ）運動の途次又は休憩の場所等に於て宣伝ビラの類を撒布せざること
（ル）工場又は会社代表方に赴く必要ある場合は十名以下の代表者を以てすること。
（ヲ）運動は午後四時限り（秋冬の期は午後三時――日没後に到らざるやう考慮すること）となし、其の解散地は予め届出置くこと。
（ワ）取締の為め部隊に警察官を附すことあるべし
（カ）治安上必要と認めたる場合は何時にても運動を禁止し若は解散せしむることあるべし。

（警察研究会編『社会運動に直面して』松華堂書店、一九三二　傍線筆者）

いちおう留保はあるものの、基本的に楽器の使用は止められている。「故《ことさ》らに気勢を添へるが如き」と書いてあるので解釈の余地はありそうに見えるが、次に述べるように、実質的には「禁止」である。

この楽器使用の禁止は、興味深いデモを生み出している。一九三四年の第二回目の分裂デモで、楽器使用を禁じられた右派が蓄音機に合わせて行進をしたというものである。記事は「蓄音機が音頭取り　漫歩する労働祭　左翼は流石に元気な狂騒曲」という見出しがついている。

> 分裂二回目だがワツシヨ〱の掛声も一体に元気がなく、けふの天気のやうに極く平凡なメーデーだ、昨年から出来た総同盟のヂンタ隊が禁止されたので、場内二ヶ所に拡声器を備へつけて蓄音機で労働歌の音頭取りをやつてゐるが何んとなくもの淋しい、これが影響してか参加者のメーデー歌も物足りない、打ち振る団旗が揃はず音頭とりが『しつかりしろ』とどなつてゐる。
>
> (『読売新聞』一九三四年五月二日夕刊)

先に引用した右派の労働祭での音楽隊の使用がいかに通例とは異なっていたかが分かる例で

ある。楽団がいないために気分がのらない右派の様子は、翻ってそれまで楽団と活動が強く結びついていたことを示している。なお「ヂンタ」というと、現代では何となくチンドン屋風の響きを想像するかもしれないが、いわゆる通常の吹奏楽団である。右派の労働団体である関東労働同盟会の一九二九年の大会記録『大会報告書　第七回（昭和三年八月至昭和四年九月）』によると、彼らは「音楽部」をもっていて、工場労働者たちから成る四〇人程度の団員を集めていた。

この報告書に載せられた編成は、ピッコロ、フルート、クラリネット、オーボエ、バスクラリネット等の木管楽器が一二名、コルネット、トランペット、トロンボーン等の金管楽器が二三名、シンバルや大太鼓・小太鼓等の打楽器が八名となっている。現代の中学校や高校の吹奏楽部とあまり変わらない規模である。塚原康子「軍楽隊と戦前の大衆音楽」（阿部勘一ほか『ブラスバンドの社会史――軍楽隊から歌伴へ』青弓社、二〇〇一所収）は一九三一年の満州事変後にアマチュアの吹奏楽団が増加し、一九三三年六月には日比谷大音楽堂にて朝日新聞社と日本管楽器製造の後援で初のアマチュアバンド演奏会が開催されたことを記している。塚原はこれを、後に吹奏楽が一九三八年以降の産業報国運動の中で、合唱と並んで「健全な」「職場の音楽」の代表となっていく流れの中に位置づけている。ここに、産業報国運動が言われだす二年前の一九三六年にメーデーのデモが禁止されていることを付け加えておいても良いかもしれない。

この「健全」さの基層には、メーデーのデモ活動で表面化するような政治的緊張が潜んでいたのである。

5　愛国歌に誘われたその先に……

一九三三年四月二九日に戻ろう。天長節および国際連盟脱退の奉祝は夜になっても続いた。以下に引用するように、夜の七時を過ぎても賑やかに行進は行われている。既に本章第1節で引用した四月二九日の記事の続報である。

奉祝の気満都にみちた廿九日天長節の夜は東京市連合団の奉祝音楽大行進に賑はつた、全市卅五区から招集された約八百名の喇叭手及び喇叭隊員は二隊に分れ第一隊は本郷区富士前町富士神社境内に、第二隊は芝区高輪小学校に集合、午後七時廿分おのおの集合地を出発、団旗や万燈を先頭におし立勇壮なる行進曲の吹奏に足どりも力強く二重橋に向つて大行進を開始しネオンサイン輝く都大路に愛国のメロデーをこだまさせつゝ第一隊は本郷三丁目お茶の水橋、駿河台下、文部省前を、第二隊は金杉橋、芝口、田村町を進み二重橋前で一団となり皇居に向つて最敬礼を行ひ『君が代』を奏し聖寿万歳を寿ぎ奉り九時半馬先

門内で万歳唱和裡に解散した

（『読売新聞』一九三三年四月三〇日朝刊）

この楽団の調べはどう響いただろうか。「ネオンサイン輝く都大路」という言葉からは、享楽的な街の様子が伝わってくる。楽器の音や人々の声は、その街の喧噪に花を添えるようにすら聞こえたかもしれない。政治的な音楽が世俗的な昂揚感をもたらす感覚は、おそらく現代の私たちが持ち合わせることの少ないものであろう（パチンコ店の《軍艦マーチ》などは近いかもしれないが）。

私たちはこの行進が続く先を知っている。

次章で見るように、この天長節から四カ月後の八月。関東地区で大きな防空訓練が行われる。訓練とはいえ、灯火管制でネオンサインは完全に消され、音楽隊ではない音が街には響き渡った。そして私たちがよく知るように、その訓練が訓練でなくなる日がやってくる。

一九三三年天長節。国際連盟脱退という決定にちなんだ「まつりごと」は、愛国歌を高唱しながら、その未来へと向かって行進していくのである。

第6章

サイレンのある街

時報、防空警報、皇太子の誕生

一　共同性を生みだす音風景

時間とは何か。文理を問わず、多くの研究分野がそれに取り組み、形而上学的な思索や、心理学・自然科学的な検証を続けている。とはいえ、私たちが日常的に時間について考えるとしたら、ほとんどの場合それは「時刻」だろう。時刻によって時間を感じ、そして時刻を通して自分だけではなく、他の人々も同じ時間の中に生きているのだと考える。この時刻という概念は、時間に比べてもっと具体的で人為的な情報である。そしてその情報は、近代化に伴う変化の中でも、最も浸透しやすいものの一つである。

国や地域によって暦が違うことは、今でもよくあることである。長さや重さの単位も、いわゆる先進国の中でさえ、統一されてはいない。だが、時刻は違う。時間そのものの概念や、それに対する感覚はそれぞれに異なってはいても、近代化された社会では同一の基準に従っている。そしてその基準は、その社会を構成する人々に共有されることで、初めて意味をもつ。

たとえば、時計の普及はその一つだろう。フランス革命時、蜂起した市民は真っ先に街の時計を狙ったという逸話がある。これが事実かどうかは分からないが、実際革命後にそれまでの十二進法ではなく、十進法に基づいた時計が製造され、新しい時刻の基準を定着させようとしたことは事実である（しかしこれはまったく根付かなかった）。時刻のもつ政治的・社会的な意義を示すものであろう。

もしくは第一次世界大戦において、複雑化する作戦を実行するために腕時計が普及した、という事実を確認しておいても良いかもしれない。正確な時刻の共有は近代化に不可欠なのである。

日本では、近世の大名時計のように、ごくごく限られた階級だけが持つことのできた時計は、明治以降、各家庭の掛け時計や、携帯用の懐中時計・腕時計などの普及によって、一九三〇年から一九四〇年頃に生産のピークをむかえる（武知京三『わが国掛時計製造の展開と形態』国際連合大学、一九八〇）。

音もまた、この情報の共有に関しては、大きな役割を担ってきた。寺の鐘は近代化以前から大体の時刻を伝えることに貢献してきたし、またそれによって共同体の象徴と考えられてきた。西洋でも教会の鐘が同様の役割を果たしており、アラン・コルバン『音の風景』（小倉孝誠訳藤原書店、一九九七／原著一九九四）は、鐘にまつわる膨大な資料を収集・分析し、それが強固に人々のアイデンティティを形成し、共同体維持に寄与してきたことを明らかにしている。

明治以降の日本の大都市でこの時刻を伝える役割を担ったのは、正午を伝える大砲、いわゆる「ドン」である。一八七一年から始まった「ドン」は、発想としては寺の鐘と同じで、大きな音を共同体の中心で鳴らせば、人々に伝わるというものである。しかし、鐘の音とは異なり、絶対的な基準に基づいた「正しい」時刻であるところに近代的な意義がある。もっとも、日本の標準時が定まったのはそれから一五年後の一八八六年なので、正しい時刻を決定しなければならないという意識よりも、それを共有せねばならないという意識の方が先行していたとも言える。

私たちは何か音が聞こえると、その音だけではなく「音源」を意識する。どこからともなく話し声が聞こえてくれば、その音がただそこで鳴っていると感じるだけではなく、必ずと言って良いほど、その話し声は「誰か」が発したものであると考える。だからこそ鐘の音を聞けば、その音が発せられた寺や教会、そしてそれらがもつ権威を想起して、人々は結束を強めたのである。

「ドン」の場合も同じである。東京で「ドン」を聞けば、人々はそれが鳴らされた皇居を、そしてそこにいる天皇を思い浮かべ、またそれを鳴らしている軍（時期によって陸軍や海軍など担当は変わったが）のことを考えただろう。また正確な時間を決定する政府を思っただろう。そして、その聞こえ方から皇居と自身のいる場所との距離や位置関係に意識を向けただろう。

たとえば一九二一年に出版された『大東京市民の常識』（大東京社）という書籍には、次のように書かれている。

午砲は特別の故障又は過失なき限り毎日正確なる時刻に於て発砲せらるゝものなれ共、音響が空気中を伝播するは一秒時間に三百三十米の速力なるを以て午砲により正確なる時間を知らんと欲せば自己の所在地と午砲所との距離を知り其音響の到達に要する時間を計り之を控除するを要す。例えば自己の宅と午砲所より一里の處にあれば一里は一二、九六〇尺にして三、九二七米なり、音響が此距離を伝播するに要する時間は訳約十二秒を要するを以てドンを聞きたる時の時計が十一時三十一分卅秒なりしときは正確なる時間は其時間より十二秒を引きたる十一時三十一分十八秒なり。

市内及近郊主要なる各地点に午砲の到達する時間を掲起すれば左の如し。

御茶水、日本橋、尾張町、虎の門、市谷見附――（五秒）

上野、両国、月島、芝公園、青山練兵場、江戸川橋――（十秒）

日暮里、吾妻橋、高輪御殿附近、新宿――（十五秒）

南千住、亀戸、八ツ山、大崎、代々幡――（二十秒）

距離を音速で割った商を引いて時刻を求めよということであるが、ここまで細かい秒を気にしていたのかと思わずにはいられない記述ではある。だがともかく、ここからも分かるように、当時の東京には「ドン」を物理・精神的な中心とする音空間が形成されていたのである。

2　大砲からサイレンへ

一九二九年四月一日。この、時間を伝える音と共同体との関係が大きく変化する出来事が起こる。東京の正午は大砲が廃止され、サイレンに取って代わったのである。「ドン」にかわって、愛宕山、本所公会堂（現両国公会堂）、小石川高等小学校、麻布南山小学校に設けられたサイレンは「モダン東京の響き」（『読売新聞』一九二九年三月二四日朝刊七面）と伝えられ、その独特な音響は新しい時代の象徴となった。関東大震災後の新しい東京を歌った《東京行進曲》が発売され、流行した年のことである。

「ドン」の廃止は、それまでにも議論されていた。一番の理由は予算で、一発の「ドン」で一九円（当時）もの金がかかっていたのだという（同）。一九二〇年頃の中間層の平均年収が一五〇〇〜一六〇〇円程度、下流と言われる階層の人たちのそれが九〇〇円に満たない程度であったことを考えるとなかなかの額である。一九二二年には廃止によって全国で二〇万円もの金額が節約できるという陸軍省の試算も報じられている（『読売新聞』一九二三年八月七日朝刊）。だがこのときには、大砲に代わる案がなく廃止は見送られ、管理を陸軍省から東京市に移して継続となった。しかしこの予算の問題は解決せず、一九二九年にまずは上記四つのサイレンを導入することとなったのである。これらは中央気象台と結ばれた東京市庁舎からの信号で同時に鳴るようになっていた。

これらのサイレンは、ただ時報用に開発・導入されたものではない。

先にも引用した『読売新聞』一九二九年三月二四日朝刊には、次のように書かれている。

このサイレンの装置は陸軍省の技術本部で敵軍が襲来した時国民に警報する用意に多年研究して来たもので、それが今度実際に利用されるといふわけです。音響は半径七十町、即ち周囲約二里に亘つて充分に聴え屋上の櫓から喇叭装置で遠くへも響くやうになっていま す

「敵軍の襲来」とは、すなわち空襲のことである。第一次世界大戦時に初めて本格的に行われた空襲は（有名なドイツ軍によるものやそれに対する報復爆撃だけでなく、日本も青島で実施している）、前線だけで行われるのではない新しい戦争のかたちを示した。サイレンはその新しい戦争への対策として導入されたのである。確かに、空襲時に「ドン」を警報代わりに使うことは不可能ではあろう。だが、日本が空襲に対してより敏感になるのはもう少し先のことである。

【図17】愛宕山のサイレン(『読売新聞』1929年7月24日朝刊)。設置年の七月に故障した際の新聞報道である。鳥居や設置された屋根の大きさから判断するに相当大きなものであることが分かる

さて、ここで設置されたサイレンの可聴範囲が半径「七十町」ということは、直径で約一・五キロ。さすがに四つだけでは、どう上手く配置しても東京全体をカバーすることはできない。となれば、次なる目標はサイレンの増設である。

そこで翌一九三〇年四月には丸ビルに、また同年五月には上野の博物館に。一九三二年には新たに七カ所、翌一九三三年には三七カ所に設置されている【図17】。一九二九年から数年の間に時を告げる音がガラリと変わったのである。

「モダン東京の響き」であるサイレンはこのように、都市全体に同時にあまねく伝わる音響として、定着していった。

当時、サイレンがいかに「モダン」なものであったかを示す言葉がある。

「サイレン・ラブ」。《東京行進曲》で「恋の丸ビル　あの窓あたり　泣いて文書く　人もある」

と歌われた丸ビルに設置されたサイレンを、都会の恋愛と結びつけた言葉である。当時の新聞に載った「モダン語訪問」という記事では、「サイレン・ラブ／吠える出雲の神〔恋愛成就の神〕／丸の内　恋のラッシュ・アワー」という見出しで次のように書かれている。

電気時計の長針が、十二時一分前をカッチ！と指すと、丸ビルのてつぺんから『ウオ、ウオ、ウオツオオオ！………』サイレンだ！忽ち男女『籠の鳥』たちは、一斉に勢ひよく、事務室のドアを弾いて、エレヴエエタアに飛びつく。早くも諜し合せた一組二組は、仲よく肩をならべて、お濠端へ、楠公銅像前へ、そして日比谷公園へ、――と、たのしい、しかし見た眼には気が気でない、桃色の恋愛行進をおツぱじめる。

（略）

〽恋のサイレン何処までとゞく〔時雨音羽作詞・佐々紅華作曲《浪花小唄》（一九二九）の歌詞〕……東京市役所では、サイレン・ラブに呆ける若い吏員の風紀を気に病んで、『昼飯時庁舎より外出すべからず』ときついお達しを出した。また、女事務員を多数あづかる会社では『女子事務員は弁当持参のこと』といふ規定を出して、外へ食事に出て、サイレン・ラブの被害（?）にかゝらぬやう、気を配つてゐる。等、等、恋のサイレンはとんだ所へまでひゞいてはゐるものゝ、若い魂を相寄らすこの『モダン出雲の神様』は毎日カツキリ正午一分前に優しからぬ吠声で、恋の合図を続けてゆくのである。

（『読売新聞』一九三一年三月一九日朝刊）

要は丸の内で働く男女が昼休みにデートをすることを指した言葉であるが、それをサイレンと結びつけるところに、この音がもっていた「モダン」なインパクトがうかがえる。

この言葉は川端康成の一九三二年の掌編「靴と白菜」（『婦人画報』一九三二年二月号所収）でも用いられている。

「サイレン・ラヴ――正午のサイレンを合図に僅かの休時間を利用してサラリイマンとオフィス・ガアルが食堂の片隅などで囁き合ふ恋を云ふ」との説明から始まるこの掌編は、郊外に住む既婚の女性が、ミシンで産着を縫いながら「サイレン・ラヴ、サイレン・ラヴ」と呟き、凡庸な幸せを物悲しく思う、という内容である。最後は「こんな郊外までは正午のサイレンも聞えて来ない」と締められ、ここでもやはり、郊外に対する都会の表象としてサイレンが用いられている。

他にもサイレンの「モダン」さを感じさせるものがある。「サイレン・ラブ」の記事と同年の『日曜報知』（一九三一年三月号）の扉ページには、野口雨情が詩を添えた、清水三重三によるイラストが載っている【図18】。

雨情の「花のサイレン／桜のたより／街も弥生の／花ぐもり／君よ桜の／花咲くころは／そぞろ心で／暮らしたい」という詩そのままに、桜の花の下を、傘を掲げた着物姿の女性が歩き、左上に喇叭型のサイレンがある、という情景である。これがどこを描いたものなのかは想像するより外はないが、もしかすると一九三〇年にサイレンが設置された上野の風景かもしれない。

【図18】花のサイレン（『日曜報知』1931年３月号、扉ページ）

一九三三年四月二一日『東京朝日新聞』では、丸ビルのサイレンについて小津安二郎が皮肉めいて次のように書いている。

> 丸ビルは、とても大きい愚鈍な顔をしてゐる。
>
> 殊に、夜が明けてから、朝のラッシュ・アワーになる迄の数時間の表情と来ては、早発性痴ほうよだれだ。よだれは敷石をぬらしてゐる。
>
> （略）

窓、窓、窓、窓、南向き――
一階、飯びつが乾してある。
二階、狸が狐を背負つてゐる。美容院。
三階、タイプライターをたゝいてゐる。
四階、手巾が乾してある。
五階、泣いて文書く人もある。これはうそだ。給仕が靴を磨いてゐる。
六階、盛に、お辞儀の連発だ。あれは借金の言訳をしてゐる。
七階、途端に、サイレンが鳴つた。
午砲のサイレンに変つたのは偶然ではない。これはまだしも空き腹に、応へない。

（「丸之内点景――東京の盛り場を巡る」）

「泣いて文書く人もある」という《東京行進曲》の歌詞のパロディを含んだシュールな文章ではあるが、ここでは、第3章で見た高層建築のイメージと、サイレンの音を結びつけた描写がなされている。「空き腹」とは、やはり当時の不況を反映しているのだろうか。もっとも、小津はこの時点でもう人気監督になってはいた。やはりこれも「モダン」な東京の音風景を描いたものである。

この新奇な音響は、当然というべきか、ネガティヴな反応も生んでいる。東京よりも早く一九一六年に「ドン」が廃止された京都のサイレンについて、竹久夢二は

去年あたりまで高台寺の霊山で打つてゐたドンは、その響のために古い建築物にゆるみが来るといふ理由でおやめになつて、此頃では、市の議事堂で、街の人たちが牛と称してゐるオーと云ふ素晴らしく不愉快な音響を出す機械に代へられた。この音響の為に此度は生きた人間の耳が、癒すことの出来ない程害せられてゐることを耳鼻科の医師から聞いている。

（竹久夢二『砂がき』時代社、一九四〇）

と述べている。新しいものを「牛」と呼んで軽蔑するのは——正午の「午《うま》」をもじったのかもしれないが——いかにも京都らしい反応ではある。しかしこのような反発も含めて、サイレンは「モダン」なものとして受容されていったのである。

3　都市に埋め込まれるサイレン

大砲と違ってサイレンはそもそもが発音機として作られたために、その音響を効果的に伝えるデザインや配置が考えられた。「ドン」の頃のように、街の中心で大きな音を出せば良いというわけにはいかないのである。

音は、たとえ出力が二倍になっても、それを聞く私たちにとっては、即二倍の大きさに聞こえるわけではない。また皇居で大砲を撃つならまだしも、都市の居住地区や商業地区で極端な大音量を出すわけにもいかない。

一九三二年の論文、藥師神恒雄「モーターサイレンに就て」(『日立評論』一五巻三号)では、「例えば1馬力のサイレンと10馬力のサイレンとを比較して見ると馬力は10倍であるから音の強さも10倍大きくなければならないのに案外音は強くないと云ふ様な批判があるものであるが、実際音の強さは大体10倍程度増加して居るのは事実であつても吾々の耳には2～3倍の程度にしか感じないのは吾々の耳の特性であつて、決してサイレンの能率が悪くなつたのでも何んでもないのである」と述べられ、また一九三六年の論文、今尾隆「モーターサイレンの音響に就て」(同一九巻七号)でも「容量の選択はそれぞれの使用目的と場所に応じて為されるべきで広い都市等に設置されるサイレンは比較的小容量の物を多数分散して用いられる傾向がある」と書かれている。このサイレンの性質は、都市のどの場所にいても均質に音が聞こえる環境が整えられるのに貢献した。これは「ドン」が都市の中心を表象した音であったのとは対照的である。

また、効果的な配置方法は分散だけではない。少し時代は下って一九四三年に出された『科学朝日』三巻一〇号（二四号）には「サイレンの知識」という記事がある。ここでは、他の騒音にかき消されずに、よりよくサイレン音を届かせるための配置法の図が載っている【図19】。

【図19】『科学朝日』３巻10号、朝日新聞社、1943

図では「雑音烈シキ繁華地」の中心にサイレンを置き、その周りを「都市・住宅地帯」、さらにその周りを「静カナル田園・山間・海浜地帯」が囲んでいる。第2章で扱った「田園」の風景と都市との位置関係が、「モダン」を象徴するサイレン音の到達範囲からも、よく分かる図である。

既に述べたように、サイレンが次第に増設されていくのは――これには《東京音頭》で盛り上がった東京市拡大も関係しているのだが――このような音

【図20】喇叭のついたサイレン（『科学朝日』3巻10号、朝日新聞社、1943）

【図21】傘のついたサイレン（藥師神恒雄「モーターサイレンに就て」『日立評論』15巻3号、1932）

の性質が関わっているのである。

なお、大型のサイレンの形状には大きく分けて二種類ある。一つは愛宕山のサイレンや「花のサイレン」のイラストにもあった、喇叭が複数取り付けてあるもの。もう一つは傘がついたランプのようなかたちのものである【図20】【図21】。これらはいずれも、音を無駄なく伝えるためのかたちで、特に後者は、音が人のいない空へと拡散して無駄になってしまうのを防ぐために傘状のものが取り付けられている。

人のいない空と、人のいる地上。

サイレンの音が区切るこの二つをめぐる出来事が起こる。

やはり一九三三年のことである。

4　来たるべき空襲に備えて

一九三三年八月九日・一〇日の二日間を中心とした前後の時期に（日程・日数は地区によって異なる）、関東防空大演習が行われる。既に第一次世界大戦、そして満州事変に伴う錦州爆撃で、規模こそ大きくはないが自らも空襲を行った経験をもつ日本は、既にその効果を知っていた。とはいえ、昭和天皇はこの演習の中でドイツ軍によるロンドン空襲についての話をしたとの記録が残っており（『昭和天皇実録』第六、一九三三年八月一〇日）、想定されたのはこのようなさらに規模の大きな空襲である。実際に飛行機を飛ばして高射砲から発砲（実弾ではないが）を行う、また模擬焼夷弾や毒ガス攻撃を想定した微量の催涙弾なども用いるなど、当時言われた通り実戦さながらの訓練で、実際怪我人や建物等への被害も出ている。

もっとも、これは日本初の防空訓練ではない。既に一九二八年七月五～七日の三日間、大阪で灯火管制を伴った大規模な防空訓練が行われている。大阪の防空については、

大阪でも、１９３７年に大阪市四ツ橋に開館した電気科学館が、博物館としてだけではなく「防空塔」を備えることで、灯火管制の状況を監視できる機能を付与されていた。また、

敵機の襲来状況を確認し、大阪各地のサイレン吹鳴を管理することもできたのである。もちろんこの館そのものにも大型のサイレンが設置されており、大阪は東京以上に充実したサイレン網をもっていたと言われている。

（橋爪紳也『モダニズムのニッポン』角川書店、二〇〇六）

と評され、早くからの防空訓練の実施がこのような体制を整えたと言えるだろう。翌一九二九年七月一九〜二二日には名古屋で同様の訓練、一九三〇年八月には国民防空協会が設立され、男爵の藤村義朗が会長となっている。それからも各都市で数度の訓練が行われ、一九三二年八月七日に東京でも実施。それを引き継ぐかたちで一九三三年八月に関東全域で大規模な開催、ということになったのである。この関東防空大演習およびその他の防空関連の歴史とその意義については土田宏成『近代日本の「国民防空」体制』（神田外語大学出版局、二〇一〇）が詳細に論じている。土田は同書の中で、防空演習が災害訓練を兼ねるかたちで、しかし徐々に後者が前者に取り込まれていったこと、三〇年代という空襲の可能性が低い時代に訓練が行われた背景には軍縮を背景に陸軍が防空名目で予算獲得を狙っていたこと、また実戦的な訓練を重視するのか宣伝効果を重視するのかで葛藤があったことを述べている。この宣伝効果という点について土田は、一九三二年一〇月一日、東京市は隣接する五郡八二町村を合併し、「大東京市」となった。世界的な大都市となった東京市は、世界の大都市がそうであるように、空襲に対しても万全の備えを持たねばならなかった。また、東京市当局には、「国民防空」という市民による郷土防衛活動を通じて、新旧市民の団結を促し、新市の統合を図るねらいもあったであろう。

と指摘している。

準備は入念であった。まず七月二〇日から数日にわたって関東各地で予行練習を行い、その後八月九日～一〇日の二日間で本番というスケジュールであった。訓練用に特別に電線が引かれ（この電線が切られた事件があり、赤化分子の仕業かと言われた）、さらに東京市内に新たに二四機のサイレンが設置された。

また、この訓練に合わせて《日本防空の歌》（伊藤和夫作詞・細田義勝作曲）がビクターから発売されている。邦楽器では、一九一七年に「竹保流《ちくほう》」をおこした尺八奏者、酒井竹保による作曲・指揮による尺八合奏《軍旗》《皇軍行進曲》のメドレーが放送され、この訓練の愛国的な雰囲気に貢献している（一九三三年八月一〇日）。八月一一日にはラジオ（ＪＯＡＫ）で愛国吹奏楽団（辻順治指揮による新交響楽団と軍楽隊の管楽器奏者による楽団）によるプログラムが放送され、行進曲《国防の鐘》（小森宗太郎作曲）、《防空歌》（明三養作詞・平野主水作曲）、行進曲《精鋭なる我が空軍》（辻順治作曲）等が演奏されている（『東京日日新聞』一九三三年八月一一日）。第4章で引用した『プロレタリア音楽』創刊号（一九三三）で批判されている東京音楽協会による「防空コンサート」もこの文脈にある。

これらは時局に乗った音楽ではあるが、面白いのは、商業の側はこの防空訓練のイメージを積極的に利用したことである。当時の広告には、子供を対象とした菓子から家庭用の石鹸や薬など、直接防空とは関係のない商品にまで防空訓練の意匠が用いられている【図22】【図23】【図24】。また、この年建ったばかりの日本橋の高島屋はこの訓練に合わせて海軍展を開くと共に、防空訓練が安全に見物できる屋上を売り物に客を呼び込んだ。建築評論家の松葉一清は、この一九三三年の高島屋の建築が日本風の意匠を多く用いていることを指摘して、「様式の挽歌が歌われるこの時期に、明治以来の欧化政策下においては禁断とされてきた表現であった和風に手を染めたところに、この時代の雰囲気の一端が読み取れる」として、この時期の建築が「軍事的な国力増強の後押しを受け、〔略〕積極的に「日本」を表現する方向へと進んだのである」（『帝都復興せり！──『建築の東京』を歩く』平凡社、一九八八）と述べている。これを踏まえれば、この高島屋はまさに防空訓練見物にうってつけの建物であったに違いない。

【図22】森永製菓の新聞広告。「勇ましい防空ゴツコをして遊びませう」と書かれている。（『読売新聞』1933年8月10日夕刊）

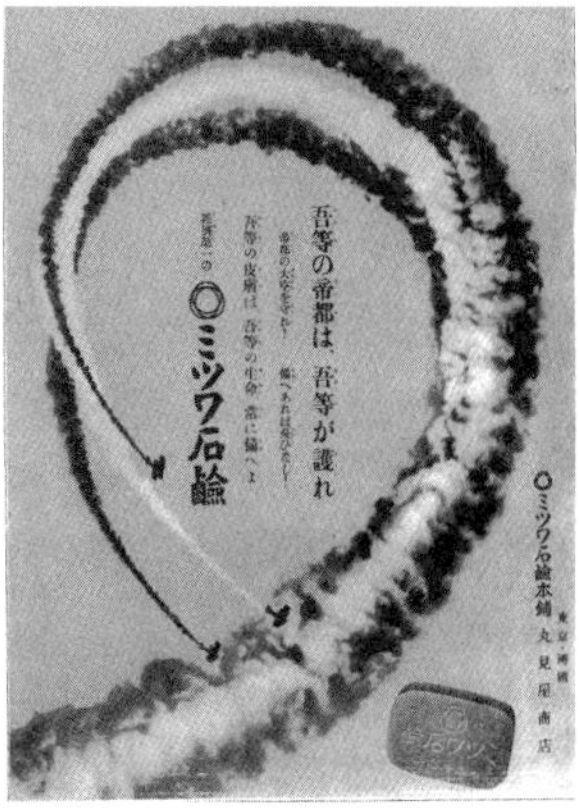

【図23】ミツワ石鹸の新聞広告（『東京日日新聞』1933年8月9日朝刊）

【図24】漢方薬「日本丸」の新聞広告（『東京日日新聞』1933年8月10日朝刊）

政府や軍、マスメディアはもちろん、市民や民間の組織を動員して行われたこの大規模な訓練は、これから訪れる総力戦の予告編となった。この訓練に対して、そもそも東京に敵機が飛来するような状況になっている時点でその戦争は負けている、と指摘した桐生悠々（「関東防空大演習を嗤ふ」）が、主筆をつとめていた『信濃毎日新聞』を退社させられた事件も同様に将来の予告となったと言えるだろう。

この訓練はラジオ中継され、訓練に参加していない地域の人々にもその白熱した様子を伝えた。この放送は日本で初めて屋外で移動しながらの実況が行われ、当時の写真からは、この移動放送のために自動車だけでなく、馬も用いられたことが分かる【図25】。馬にマイク等の放送用機器を載せて、自動車では通れない道なき道を進むこの写真からは、訓練に参加している地域を偏りなく捉え、それを日本全国で共有しようという強い意向が読み取れる。また逆に、八月一〇日には、訓練が行われていない大阪から東京に向けての「応援」として、江頭林次郎なる軍楽隊のトロンボーン奏者による軍歌の独唱が放送されている。ラジオによって複数の地域が仮想的な場で結びつけられたのである。第3章で見たように、この頃、地域間の差異が表象のレベルで曖昧なかたちで——しかし強固に——作られていったのに対して、政治的な文脈では、音声による均質な情報共有が進んでいったのである。

この防空訓練時のラジオ中継の様子を捉えた映像が、「防空演習」の題でインターネット上

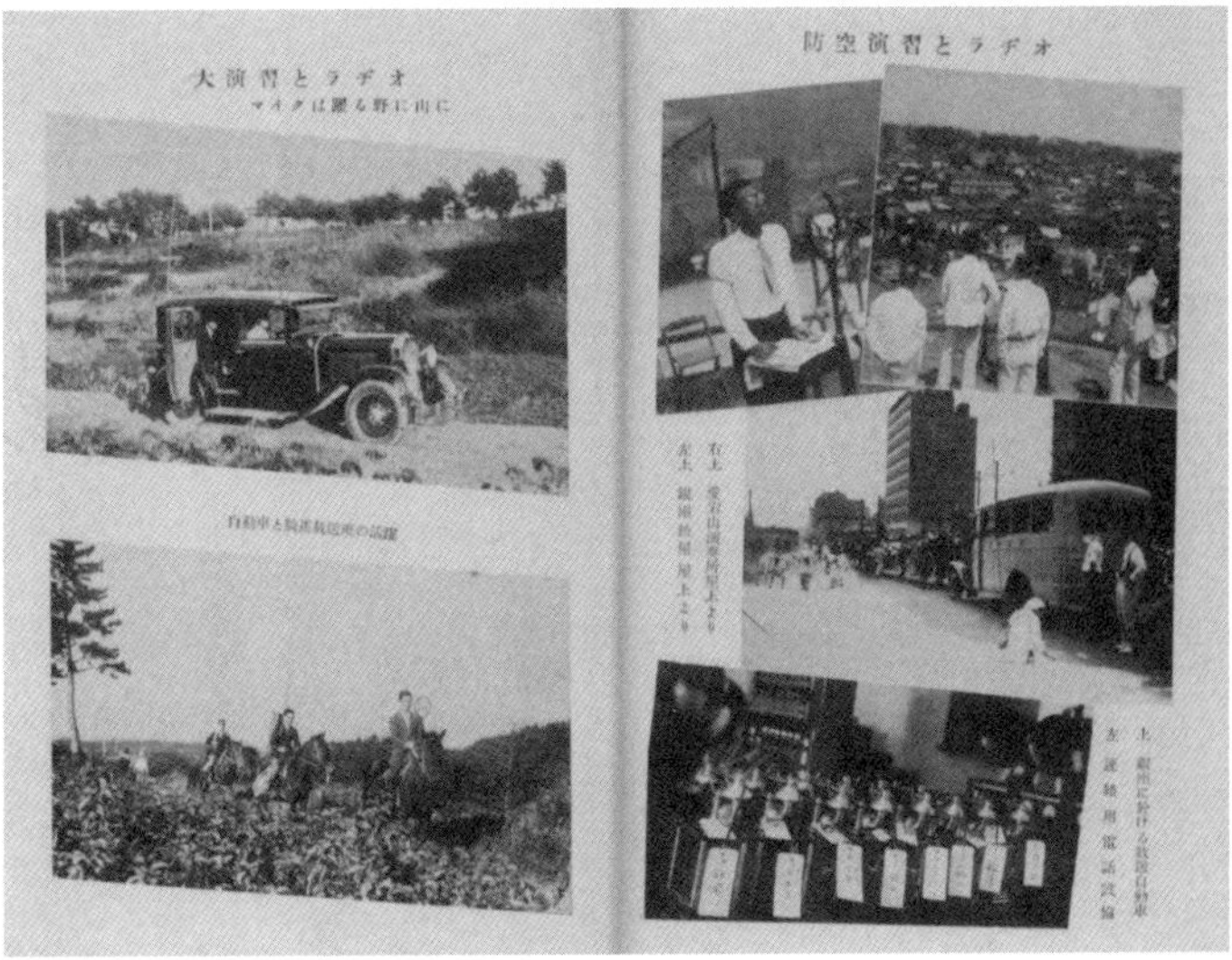

【図25】関東防空大演習の際のラジオ放送の様子（『ラヂオ年鑑』昭和９年版、1935）

のＮＨＫアーカイブスに残っている(http://www2.nhk.or.jp/archives/tv60bin/detail/index.cgi?das_id=D0009060029_00000)。実際に建物が燃え、煙がたなびき、人々が走り回る様子は今から見れば一種異様に映るかもしれない。もっとも、このような大規模な訓練は日本だけではなく、ロンドンやベルリンなど同時代の各国の大都市でも行われていた。

この映像で印象的なのはやはり冒頭から鳴り響くサイレン音（おそらく手動のもの）であろう。既に見たように、街中に効果的に置かれた多数のサイレンが同時に鳴ることで情報を共有する音空間づくりの成果である。

この訓練用に作成された『関東防空演習豊島区防護団池袋分団演習実施記事　昭和八年度』という、空襲警報を伝達するプロセスが掲載された冊子がある。豊島区のものであるが、他の地区もほぼ同じであったと推測できる。これによると直接電話で警報を受け取る機関は警報班を設けて一般の人々に伝達することとなっており、また放送局はラジオ放送で、警察は警視庁から連絡を受けて警鐘を鳴らすよう、指示系統が定められている。サイレンに関わるのは東京市とサイレン設備をもった官公所・会社である。前者は、区役所に電話で警報発令を伝え、区役所はサイレンを鳴らすと同時に、防護分団にも伝え、分団もサイレンを鳴らす。後者は独自にサイレンを鳴らすよう決められている。同冊子によるとこの訓練のために二〇馬力のモーターサイレンが設置されたとのことである。

防空警報は六秒鳴らして三秒休みを三度繰り返すのを一セットとして、それを繰り返すという決まりになっているが（解除は長く一度鳴らす）、先の映像ではサイレンの音がひっきりなしに鳴っており、この訓練では必ずしもこの通りではなかったのかもしれない（あるいは、消防車のサイレンかもしれないが）。

この防空訓練は、フィクションの創作・受容にも影響を与えている。岸田國士はこの訓練に合わせた「空襲ドラマ」の企画を久保田万太郎から持ち掛けられたことを当時の『帝国大学新聞』に書いている（岸田國士「空襲ドラマ」『帝国大学新聞』一九三三年八月七日）。曰く、先般放送局文芸課長久保田万太郎氏から、ラヂオ放送用の「空襲ドラマ」を書いてみないかと勧められ、少々面喰つたが、いろいろ考へた末、ひとつやつてみようといふ気になつた。

○

これは無論、今度の防空演習に因んで、半ば宣伝、半ば余興として考へだされた試みであらうが、僕は、第一に、あらゆる音響効果を使ひ得る何よりの機会だと思ひ、その方面でだんだん興味を感じだしてゐる。

なにしろ、東京の空へ敵の飛行機がやつてくるといふ想像は、これはまあつくとして、いよいよさうなつた場合に、われわれ市民は、どの程度まで「しつかり」してゐられるだらうか。これは甚だ見当がつけにくい。阿鼻叫喚といふやうな「音響効果」は、空襲の惨状を写すに、是非ともなくてはならぬものかどうか。日本国民の名誉のために、果して手心を加ふべきかどうか？　僕は迷つた。

と。これはおそらく岸田のラジオドラマ『空の悪魔』のことだろう。八月八日に松本幸四郎主演で放送されたこのドラマは、敵機が襲来し空襲が行われた東京で、ある青年が防毒マスクを

老人に譲って死ぬ、という筋である。最終的に敵機は撃墜か、もしくは伊豆大島近くに着水させて一段落ということになる。引用に書かれているように、国威発揚の手段としては、敵国の非道さをアピールするために自国の被害を強調する必要がある一方で、あまり被害を大きく扱うと自国民の士気を損なうことにもなり、常にジレンマがある。「空の悪魔」を読む限りでは、英雄的な一人の死を扱うことで、全体の被害の大きさには触れずに、しかし敵国の脅威を描くことを選んだように見える。

さてこのドラマでは、主人公が時計屋であることもあって、作中のト書きでは、目覚まし時計に仕込まれたオルゴールの音や針の音が平和な時間の象徴として描かれている。そしてその平和の音と対比させるかたちで、警報のサイレン音が用いられている。「モダン東京の響き」であったサイレンの、もう一つの姿がここにはある。

サイレンの音がもつモダンさと防空訓練の緊迫した様子の二重性とは少し異なったかたちで、この訓練を通して普段のモダン都市の姿の裏側を垣間見た人たちもいる。

詩人の萩原朔太郎は、

かつて防空演習のあつた晩、すべての家々の灯火が消されて、東京市中が真の闇になつてゐた時、自分は家路をたどりながら、初めて知つた月光の明るさに驚いた。そして満月に近い空の月を沁々と眺め入つた。その時自分は、真に何年ぶりで月を見たといふ思ひがした。

（「月の詩情」『阿帯　萩原朔太郎随筆集』河出書房、一九四〇）

と述べている。また正岡容も似たような感想を残していて、曰く、

昭和改元以降、俄に絢爛多彩を極めだしたネオンサインの氾濫は、わが郷土の夏空からこの幼馴染をつれなく追放してしまつたが、そののち幾何もなくして今度は打続く防空の調練、ネオンの御法度に忽ち全東京は青々園や埋木庵が探偵実話を発表してゐたころのやうな時ならぬ暗々世界を現出しだしたので、再びなつかしい蝙蝠の姿は都下上空を自在に雄飛するやうになつた。

（「旧東京と蝙蝠」『東京恋慕帖』好江書房、一九四八）

と。光が溢れる東京の日常に隠されたかつての東京のイメージを、防空訓練という非日常の事態が期せずして呼び戻したのである。空襲によって生じたいびつな詩情を描いた坂口安吾の『戦争と一人の女』（一九四六―一九四七）のような作品に繋がる感覚かもしれない。

5　モダンな響きから悲壮な響きへ

この時期、最も空襲のイメージに捉われ、それを作品化した作家はおそらく海野十三だろう。彼は、この防空訓練に前後した短期間に空襲を題材にした作品を集中的に書いており、『爆撃下の帝都――防空小説（空襲葬送曲）』（一九三二）、「空ゆかば」（一九三三）、「空襲下の日本」（同）、「空襲警報」（一九三六）を発表している。後に、実際の空襲に直面して「空襲都日記」という日記も書いている。この日記が本名ではなく「海野十三」という筆名で記されていることについては、吉川麻里「断絶された〈風景〉への対話――「空襲都日記」の「海野十三」（『日本近代文学』第六三集、二〇〇〇年）が次のように論じている。吉川は「日本最初の防空小説を書いたのは我ぞ」と自ら言っていた海野が「防空専門家」として空襲を観察する視点と、作家としての視点との間で葛藤していたのだと指摘する。つまり、三〇年代にこれらのフィクションとしての空襲が書かれた時代は、作家として空襲を見る海野の視点が固まった時期であると言える。

ではその作家としての海野は、サイレンをどのように聞いたのか。このことは、当時「モダン」とされたこの音が、防空訓練という文脈でどのように響いたのかを知る手がかりになる。

海野の作品では多くの場合、サイレン音は擬音語で書かれている。地の文に割り込んで、音の新奇さや非日常感が際立つ表現である。

『爆撃下の帝都』（一九三二）では以下のように表現されている。


「空襲警報ゥ！」

電話機を掴んでいる兵士が、大声で怒鳴った。

「空襲警報！」

「サイレン鳴らせイ！」

命令の声が、消えるか消えない内に、

「ンぶうッ――う、う、う」

と愛宕山の大サイレンが鳴り出した。雄壮というよりも、悲壮な音響だった。

東京市内の電灯という電灯は、パッと消えて、全市は暗黒になった。


濁音を用いた重々しい擬音語で、ゆっくりと音が始まった感じが伝わる。「悲壮な音響」と書かれている通りの擬音語だと言って良いだろう。「空襲下の日本」（一九三二）では、そのときヒョーヒョーと汽笛は鳴りはじめ、ブーッとサイレンは鳴りだし、警鐘はガンガン、ガン、ガンと、異様な打ち方を始めた。

　近所に消防自動車がいたらしく、手廻しのサイレンが、うウうウうウうウうーウと鳴り出した。


と書かれている。ここでもやはり濁音で表現されているが、手廻しのサイレンの音に比べると、音をそのまま写し取ったというよりは、音色を伝えるための表現として擬音語を用いているようである。そしてその手廻しサイレンの方は、平仮名・片仮名を交互に用いて不規則な音の様子を描写している。

「空襲警報」（一九三六）では次のようにサイレンが登場する。


不気味な沈黙が、ヒシヒシと市民の胸をしめつけていった。

「……警報！　警報！　只今関東地方一帯に空襲警報が発せられました。直ちに非常管制に入って下さい。……復誦いたします。只今……」

　そのとき、サイレンが、ブーッ、ブーッと間隔をおいて鳴りだした。これに習うように、工場の汽笛がけたたましく鳴りだした。

やはり濁点のついた擬音語である。既に述べたように、間隔をおいて鳴らすのは空襲警報発令を示す方法である。

もちろん、擬音語は文法のような制約がなく、作者の主観や創意に大きく左右されるため、海野の記したサイレン音から何らかの直接的な意味を読み取るのは難しい。しかし、海野が前述の「空襲都日記」にサイレン音を擬音語で記しているのは唯一以下の部分なのだが、

情報が出て間もなくプーと鳴って、空襲警報解除となる。

（「空襲都日記」一九四五年一月九日）

ここで警報解除の音が半濁音のどことなく軽い音で表現されていることと対比させれば、フィクション内での濁音のサイレンが、次第に迫る脅威――特に『爆撃下の帝都』における、ゆっくりと音を立て始めるサイレンの様子など――を反映していると言えるかもしれない。

6　サイレン音が祝う皇太子誕生

防空訓練が終わり、酷使されたサイレンは数日の整備に入る。この訓練によってもたらされたものは、空襲への備えと、それに備えなければいけない社会状況の認識と、そしてサイレンやラジオを通じて同時に情報を共有する人々のリテラシーであった。

この空襲ムードは日本だけに留まらない。この一九三三年の八月、同年のアメリカ映画 *Men Must Fight*（エドガー・セルウィン監督）が『男子戦はざる可らず』というタイトルで日本でも封切りとなっている。特撮を駆使した大規模なニューヨークへの空襲シーンのあるこの作品は、防空意識の高まりに合わせて話題を呼んだ。もっとも、作品中では警報は鳴らない。ちなみに有名な映画『キング・コング』の公開も同年であり、一九三三年は大都市が強大な力で破壊されるイメージに溢れた年だった。

さて、秋になると、アールデコの紹介や、そのアールデコを含む同時代欧州の流行を積極的に取り入れた朝香宮邸で有名な、朝香宮妃允子《のぶこ》内親王が亡くなる。葬儀の日には歌舞音曲が自粛され、「音の無い一日」として報道されている（『読売新聞』一九三三年一一月一三日夕刊）。記事には以下のように書かれている。

いつもならばジヤズやジンタの騒音の巷も（略）午前中はピタリと騒音を中止し敬弔を表してゐる（略）三味太鼓も終日鳴りを静めてゐる、各花柳界も同様、自発的謹慎を行へばカフエー、バー、ダンスホールも音楽を中止して『音のない一日』を送つた。

逆に、普段の都会の賑やかさが音楽と共にあったことをうかがわせる書き方である。この静かな一日から一カ月後、再びサイレンの出番がくる。

皇太子誕生である。政府はこの誕生を、男児なら二回、女児なら一回という決まりで、サイレンを使って人々に伝えた。昭和天皇には当時四人の女児が生まれており、しかもその内の一人は数カ月で死去、いよいよ男児か、と期待されていた時であった。

もっとも、サイレンを用いるのはこれが初めてではなかった。

一九三一年、昭和天皇に四女が誕生する際に、ラジオや新聞を通して、サイレンで生誕の告知をする旨が伝えられていたのである。

東京市では御慶びと共に市内五ヶ所のサイレンを鳴らし、二百万市民に告知することになつた、親王殿下〔男児〕の場合は三十秒継続二回、内親王殿下〔女児〕の場合は三十秒一

回

（『読売新聞』一九三一年二月一八日朝刊）

このように、同時に市内全域に情報を伝えることのできる（ことを目指した）サイレンの使用は、確かにサイレン導入当初のコンセプトに合致している。

この経験を踏まえて、二年後の一九三三年一二月二三日、あらかじめ防空訓練のために増設されていたサイレンが、皇太子誕生を伝えるべく二度鳴ったのである。誕生の直前には前もって以下のように伝えられた。

お喜びを一刻一秒も速かに五百万市民に知らせるため宮内省からの報知と同時に愛宕山、丸ビル、上野科学博物館、小石川高等小学校、本所中和小学校の五ヶ所にあるサイレンを皇太子ご生誕の場合十秒間隔、一分間二回、内親王殿下の場合一分間一斉に吹き鳴らすことに決定

（『読売新聞』一九三三年一二月一九日朝刊）

とあり、記事のカット写真にはサイレンのシルエットが用いられている。東京市拡大のため、

一九三一年の内親王誕生時から比べて表現が「二百万市民」から「五百万市民」に増えている。実際にここに示されている五つのサイレンのみで全員に届くとは考えづらいが、あくまでレトリックの範疇であろう。なお、十二月三十日の皇太子命名の報祝会では数を増やして一八カ所でサイレンを鳴らして祝意を表した。

この一九三三年一二月二三日のサイレンは、たとえば駐日米国大使であったジョセフ・グルーによる『滞日十年』（一九四四、石川欣一訳、毎日新聞社、一九四八）や色川大吉『ある昭和史――自分史の試み』（中央公論社、一九七五）など、他にも数多くの回想録に記されている。また、時事的な事柄を扱うことの多い短歌でも、たとえば窪田空穂《うつぼ》が、

サイレンの鳴るや即ち軒毎に国旗ひらめく此の朝《あした》かも

という歌を残している。北原白秋も後で扱う奉祝歌とは別に、

皇子《みこ》ぞ今御生《みあ》れましたれ日の出疾《と》くサイレンはつづくまさに大皇子

との歌をしたためている（『白南風』アルス、一九三四）。サイレンがいわばこの日の記憶のサウ

ンドトラックとなったのである。

個人的な回想だけではない。皇太子誕生を記念する音楽にも、このサイレンは歌い込まれている。後に童謡歌手として人気を博すことになる平山美代子、中山梶子、松本俊枝の三人が歌った北原白秋作詞・中山晋平作曲による奉祝歌《皇太子さまお生まれなった》は、

日の出だ日の出に　鳴つた鳴つた　ポーオポー
サイレンサイレン　ランランチンゴン　夜明けの鐘まで
天皇陛下お喜び　みんなみんなかしは手
うれしいな母さん　皇太子さまお生まれなつた

日の出だ日の出に　鳴つた鳴つた　ポーオポー
サイレンサイレン　ランランチンゴン　夜明けの鐘まで
皇后陛下お大事に　みんなみんな涙で
ありがとお日さま　皇太子さまお生まれなつた

日の出だ日の出に　鳴つた鳴つた　ポーオポー

サイレンサイレン　ランランチンゴン　夜明けの鐘まで
日本中が大喜び　みんなみんな子供が
うれしいなありがと　皇太子さまお生まれなつた

と歌っている。「ポーオポー」という二度のサイレンを表す半濁音の擬音語は、海野が描写した濁音の空襲警報のサイレンとは大きく違った印象をもたらす。また空襲という、彼方から敵機がきて一定時間続く出来事とは異なって、生誕は点の出来事であるため、よりはっきりした擬音語が選ばれているとも考えられる。

このような曲は、まさに歌詞にある通り「日本中」にサイレン音を聞いた経験を広めた。実際に皇太子誕生時にサイレンを聞いた人はもちろんのこと、そうでない人もこのような歌に触れることで、その経験を共有したのである。都市の隅々まで響き渡ることを目指したサイレンの、いわば仮想の配置場所としての歌である。

既に書いたように、一九三三年一二月三〇日にももう一度、今度はさらに数を増やしてサイレンが鳴り響いた。皇太子命名の祝賀行事である。この時は号砲も鳴らされ、暮れゆく一九三三年を賑やかに彩った。

だが、この後も防空訓練は続く。先のＮＨＫアーカイブスに残る一九三三年の映像では「まず自分自身をお守りなさい、各人の家をお守りなさい」とのナレーションが入っているが、八年後の一九四一年には、いわゆる「防空法」の改正により、空襲時の退去が法的に禁止されるようになる。

そして一九四四年から始まる東京への空襲。サイレンは高らかに鳴り響き、桐生悠々が「関東防空大演習を嗤ふ」で述べた通りの結果となったことは言うまでもない。

一九三三年の暮れ、サイレン音に賑わう街はそのことをまだ知らない。

おわりに

一九三三年が終わると、新しい年が始まる。

私たちは知っている。この後数年で、「非常時」がむしろ「常時」となり、「総力」を超えた「総力戦」が続くことを。軍歌やプロパガンダが溢れ、一方でそれにかき消される音や音楽があることを。

だが、音楽や音は、そもそもそういうものかもしれない。

主張し、利用され、抵抗し、あるものは残り、あるものは消える。

雨水が色々なものを取り込んで流れていくようなものだ。痕跡だけが残る。その痕跡とはつまり、人々の記憶であり、出来事の記録であり、残響である。

「はじめに」で書いたように、時間は地続きなもので、人が数字をつけたからといって何かが大きく変わるわけではない。だから、ここまで見てきた一九三三年の様々な出来事は、この後も続いていく。楽器をめぐるイメージの変遷も、都市と田舎の文化のすれ違いも、自殺やそれにまつわる音楽も、政治運動も、サイレンのような音を用いた情報伝達も、一年と共に終わるわけではない。

このことは、次のような疑問を呼ぶだろう。私たちが見てきた一九三三年は、どれほど現代と地続きなのだろうか、と。グローバル化への危惧や反発、政治的なデモンストレーション、警報音の鳴動、そしてこれらに付随する抽象的な価値観——これらはどれも現代と似ているように見える。過去を現代に投影したいという欲求が生じるかもしれない。

とはいえ、似ている／似てないというのは、あたかもこれらが一段落した後で回帰してきたかのような視点からの議論である。どこかに断絶があることを前提としている。

音楽や音のような歴史の細部に留意することは、この断絶を疑うことである。安易に類似を指摘するのではなく、それでも現代の私たちが敢えて過去を自分自身に引き付けて知ろうとする時、大きな思想や概念ではなく、「聴く」という素朴な行為を通すことで、当時の人々と私たち自身を繋ぐことができるのではないか。

誰かと同じものを聴こうとする時、私たちはその人の傍に立ち、耳を近づけ、静かに音がやってくるのを待つ。本書が目指したのは一九三三年に生きた人々に寄り添い、耳を澄ませることである。

あとがき

本書の各章は以下に示す論文・口頭発表を部分的に基にしたものである。

【第2章】

・論文「〝日本民謡〟をいかにつくるか——西川林之助『民謡の作り方』を中心に」文芸学研究会『文芸学研究』第一一号、五〇‐六二頁（二〇〇七年三月）

・論文「新民謡創作の参考書と曖昧な「地方」——大関五郎『民謡辞典』を中心に」『阪大音楽学報』第八号、二三‐三三頁（二〇一〇年三月）

【第3章】

・口頭発表「御神火燃ゆる自殺の『聖地』——1930年代の三原山と音楽」第三三回民族藝術学会大会、二〇一七年四月二二日、於・鳴門教育大学

【第4章・第5章】

・論文「赤松克麿の労働歌と近代日本の大衆概念」大阪大学音楽学研究室『阪大音楽学報』第一二号、一－一八頁（二〇一四年一二月）

・口頭発表 'Socialistic Songs Written by the Right: Katsumaro Akamatsu and Political Functions of Music in 1920-30s Japan' IMSEA2015 The 3rd Biennial Conference in Hong Kong、二〇一五年一一月六日、於・The University of Hong Kong

・口頭発表 'The Socialism Movement in 1920s-40s Japan and Concepts of Tradition and Folk in Music' International Musicological Society, 20th Quinquennial Congress in Tokyo 二〇一七年三月二三日、於・東京藝術大学

既に読み終わった方にはお分かりのように、本書では扱いきれていないテーマが数多くある。近年、この時代については充実した研究成果が出てきており、本文で示せなかったものの中で、当時をより深く理解するために重要な文献を以下に記しておきたい。本書執筆に当たってはこれらに多くを負っている。

毛利眞人『ニッポン・エロ・グロ・ナンセンス——昭和モダン歌謡の光と影』（講談社、二〇一六）は、タイトル通り当時「エロ・グロ・ナンセンス」とされた音楽について具体的な実

例を多く紹介した力作である。

都市と田舎の問題については、柳田国男『都市と農村』（朝日新聞社、一九二九）が古典である。現代にも通じる問題を多く扱った内容はもちろんだが、出版当時の都市観・田舎観を伝えるドキュメントとしても貴重である。

堀井憲一郎『愛と狂瀾のメリークリスマス——なぜ異教徒の祭典が日本化したのか』（講談社、二〇一七）は、クリスマスというイベントを通して、放埒な都市文化の様子と異文化受容のあり方を抉出したもので、偶然にも日付が近かった、一九三三年の皇太子誕生時のクリスマスの熱狂ぶりについても記されている。

また、《東京音頭》ブームのような「音頭」流行については大石始『ニッポン大音頭時代——「東京音頭」から始まる流行音楽のかたち』（河出書房新社、二〇一五）が詳しく扱っている。

一九三〇年代に限らず、近代日本の政治と音楽の関わりについては、辻田真佐憲の一連の仕事は外せない。書籍だけでなくウェブでの発信等にも大いに刺激を受けた。ここでは『日本の軍歌——国民的音楽の歴史』（幻冬舎、二〇一四）を挙げておきたい。

ビル・ブライソン、伊藤真訳『アメリカを変えた夏——1927年』（白水社、二〇一五）は、一九二七年のひと夏からアメリカのそれ以前／以後を見通すというノンフィクション作品で、本書構想時には多くの影響を受けた。

本書の執筆にあたっては多くの方々のご指導・ご支援を受けた。特に、現職場である大阪大学の伊東信宏先生、輪島裕介先生には、筆者が研究・執筆に専念できるようにお気遣いを頂いている。編集の山田兼太郎氏には、企画段階から様々に意見をもらい、また執筆の過程でも助けて頂いた。本文中の外国語および人名表記については、樋口騰迪氏、家田恭氏、松井拓史氏のご協力を得た。

他にも大学や学会の先生方、また志を同じくする同僚・ポスドク・大学院生・学生たちとの意見交換が本書執筆の大きな原動力になった。近年、人文学が危機にあると聞くことが少なくないが、彼らと話していると、まったくそんなことは感じず、むしろこれからの人文学の発展に希望をもつ。恵まれた環境で執筆できたことは幸運でもあり、また周囲の方々のご尽力のおかげであると実感するばかりである。

日々の生活では、妻の協力に感謝しないわけにはいかない。その妻に本書を捧げる。

二〇一七年一二月、待兼山にて

[著者紹介]
齋藤 桂（さいとう・けい）
大阪大学大学院文学研究科助教。
1980年生。大阪大学文学部卒業、同大学院文学研究科修了。博士（文学・大阪大学）。2006年度柴田南雄音楽評論賞奨励賞（アリオン音楽財団）。日本学術振興会特別研究員PD（東京大学、2011～2013年度）、日本学術振興会二国間交流事業特定国派遣研究者（シベリウス音楽院、2014～2015年度）を経て2016年4月より現職。専門は音楽学・日本音楽史。著書に『〈裏〉日本音楽史――異形の近代』（春秋社、2015年）。

1933年を聴く――戦前日本の音風景

2017年12月31日　初版第1刷発行

著　者　齋藤 桂

発行者　長谷部敏治

発行所　NTT出版株式会社
〒141-8654 東京都品川区上大崎3-1-1 JR東急目黒ビル
営業担当　TEL 03(5434)1010　FAX 03(5434)1008
編集担当　TEL 03(5434)1001
http://www.nttpub.co.jp/

装　幀　伊藤滋章

印刷・製本　中央精版印刷株式会社

ISBN 978-4-7571-4353-1　C0021

【年表】1934年以後の出来事

国内（および日本が関係した出来事）

1934年3月1日　溥儀が満州国皇帝に。帝政開始
1934年4月21日　ハチ公像除幕
1935年6月24日　野村景久に死刑執行
1936年2月26日　二・二六事件
1936年3月24日　以降のメーデー禁止
1936年6月1日　国民歌謡放送開始
1936年6月20日　東京音楽学校に邦楽科が開設
1937年5月20日　『国体の本義』出版
1937年7月7日　盧溝橋事件。日中戦争開始
1937年9月1日　国民精神総動員開始
1938年4月1日　国家総動員法
1939年11月18日　大日本音楽著作権協会設立

海外

1934年2月6日　フランスで反政府暴動
1934年6月30日　ドイツで「長いナイフの夜」。多数が粛清される（〜7月2日）
1934年12月1日　キーロフ暗殺。以降、スターリンによる大粛清へと続く
1936年7月17日　スペイン内戦勃発
1936年8月1日　ベルリンオリンピック開催
1936年12月5日　スターリン憲法（ソヴィエト社会主義共和国連邦憲法）制定
1938年11月9日　水晶の夜。ドイツでユダヤ人居住地等が襲撃される
1939年3月16日　ドイツによるチェコスロヴァキア併合
1939年9月1日　ドイツ軍がポーランド侵攻